写在春天里的上海报告

何建明 著

目 录

1. 第一时间　　　　　　　001

2. 城市猎毒者　　　　　　025

3. 申城"诺亚方舟"　　　　079

4. 青年"抗疫"近卫军　　　097

5. 那些飞奔的身影　　　　117

6. "地球村"阻击战　　　　133

7. 一声"妈妈"好甜美　　　163

8. "战争"风云　　　　　　173

9. 最美的记忆　　　　　　183

1. 第一时间

人生中的每个"第一"都非常重要，人们也常常把"第一"看作是一种成功的标志。事实上，一个城市的"第一"同样重要，尤其是当一场不测的风暴与未知的疫情来袭时，"第一时间"的反应，"第一时间"的判断与决策，将决定整场战斗的成与败。

上海，中国第一大城市，拥有2400多万人口。武汉疫情暴发之后，中外一些机构就预测上海会是第二个疫情暴发地……这是多么恐怖的一种预测！然而这并非无中生有——上海不仅是中国第一大城市，还是开放程度最高的国际性城市，又地处中国东南沿海的中部，且是经济最活跃的"长三角地区"的核心。

上海动，中国和世界也将地动山摇。

"决不能让上海失守！丝毫不能！"从武汉疫情刚刚出现苗头的时候，上海市委、市政府和全体市民就在全国人民面前发出这样的誓言。

"上海是中国共产党诞生的地方,在革命斗争时期,新生的共产党就领导我们浴血奋斗,血染黄浦江,建立了中华人民共和国!今天,世界都在瞩目上海,我们决不能让一场疫情伤及上海的广大民众,伤及上海的美丽和繁荣……"在压抑和沉闷的时刻,上海人民的心底在这样呐喊。

一个偶然的原因,我被"留"在了疫情阴影下的这座城市。之后的日子里,我相伴于她的身旁,时时感受着每一天的疫情变化和疫情中的特殊上海……在异常孤独的时刻,我曾数次站在窗口看着默默流动的黄浦江,一次次地问它:你还在流动吗?而我最终发现,它依然在天天流动,从未停止过,也从不为风与云所变。它不会因喜与悲而改变自己的脚步,更不会丢下这座城市和城市里的每个人……或许是因为在最紧张的时候,我看到了依然流动的黄浦江,想起了这座孕育中国共产党的英雄城市,所以我信心倍增,热的心和热的泪,开始随这座城市一起跳动和流淌……

是的,上海值得我为她而心动,为她而热泪奔涌。因为她在疫情中的行为,令我感动不已。

1月20日,我从北京到上海执行一项采访任务,就在这一天,从手机上看到了一则新闻:国家卫健委确认上海市首例输入性新型冠状病毒肺炎确诊病例。患者为56岁女性,湖北省武汉市户籍。1月12日自武汉来沪后,因发热、乏力等症状，于1月15日在本市一发热门诊就诊后即入院隔离治疗。

病毒这么快就传到了上海呀！当时我的心惊了一下，转念又想：这么大的上海，出现个把病例，也算"太正常不过"的事吧！但后来我知道，正是从这一病例开始，整个上海就在第一时间开动了防控机器，可以精确到每一个细节。后来有人嘲笑"上海人怕死"，这其实是因不了解上海人做事风格而产生的极大误会。

让我感动的是，有人知道我留在上海，马上送来几叠口罩。"用得着吗？"当时我确实有些不在乎，认为没有必要。"必须提高警惕，以防万一！"他们则友善地提醒我，"对了，这桶消毒药水也留着用，进出门注意手部消毒……"看看，这就是上海人，细腻，周到。

很快我就了解到这第一例病毒感染者的病情和"来龙去脉"——

56岁的陈女士长期居住在武汉市，1月12日她来沪探望女儿一家。陈女士早在1月10日就有发热症状，但是当时她并不知道这是感染上了传染性很强的新型冠状病毒。陈女士自行服药几天，但热度一直不退，并伴随浑身无力、胃口差和明显的咳嗽症状。

1月15日晚9时，已经有些吃不消的陈女士在家人的帮助下，来到上海同仁医院发热门诊就诊。

"哪儿不舒服呀？"接诊的于亦鸣是一名经验丰富的呼吸与危重症科医生，这一天临时被抽来支援发热门诊。"我记得当时媒体报道武汉已有40多例新冠肺炎确诊患者，又听这位女士的口音好像是那边的人，所以特别留意起来。"事后于医生说。

"听口音您不是本地人……"于医生顺口问。

"不是，是武汉的。闺女在上海，来这儿过春节的……"陈女士吃力地回答道。

"噢——武汉的。"36岁的于医生声音很平和，但心里却"咯噔"了一下。凭借13年的职业经验，他立即警觉起来，以最快的速度给这位陈女士进行了"特别处理"——会同感染科副主任刘岩红将陈女士移至独立发热留观室。"您先到这边休息一会儿，我给您开个单子，去做个胸片检查，这样保险一点。"

"你们几个也要注意点，戴个口罩，防止传染。"刘岩红一边嘱咐其他人防护起来，一边第一个进入陈女士的留观室，并亲切友善地告诉陈女士，"不用紧张，您休息好。我们会对您进行认真会诊和治疗的。如果出现不舒服，马上按铃叫我们啊！"这一串叮嘱，让陈女士放心地在床上躺下。

"于医生，片子出来有什么情况立即通知我们……"刘岩红又对于亦鸣说。

"明白。"于医生点点头。

陈女士的胸部CT片子到了于医生手里。坏了！两侧肺部呈现多发渗出病灶……这就是"非典型肺炎"的明显表现嘛！

"马上给患者办理住院手续，并立即对其进行隔离！她的亲属在吧？也马上进行隔离观察……还有医院内部凡是这个患者经过的地方都进行消毒。你们几位和于医生一样要特别注意观察自己的身体状况，一有异常，要立即报告！"刘岩红严肃地向身边几位医生和护士交代，随后立即向医院领导汇报情况。

"我们马上请专家来会诊。"医院领导在第一时间做出决定。

当晚，陈女士被安排在有隔离设施的特殊病房，并开始接受特殊的治疗。同时，医院向上级行政部门和疾病预防控制机构上报相关情况。

16日一早，上海市卫健委即组织市级专家来到陈女士所住的医院进行会诊。当天下午，陈女士的有关病情和样本上传国家卫健委。

1月20日，经国家卫健委专家复核，陈女士被确诊为新型冠状病毒肺炎。

"你们务必要做好医务防控和患者的治疗，要仔细再仔细，尤其是要做好隔离，绝不能在医院里出现传染。同时马上把患者的亲密接触者全部隔离……"市领导的电话直接打到市卫健委，卫健委的领导直接到患者所住医院进行检查。

从上海市民们还在照常工作的16日起,市委、市政府及有关部门已经开始向各大医院、社区下达一道又一道的"指令":务必注意来自武汉的发热者和他们的生活工作范围,一旦发现情况,立即采取隔离措施!

"哎哟哟,真来了!结棍结棍!"说话当口,中国第一大城市的疫情已经拉响警报。

市委、市政府领导当晚就召集有关部门负责人开会,同时下了几道"死命令":

"必须全力抢救患者,以百分之一百的努力抢救患者的生命!"

"必须全力隔离好亲密接触者,做到绝不扩大传染范围!"

"必须全力做好市民和医院的防控,工作布置到各个社区、各个基层单位!"

"必须全力做好虹桥、浦东两个主要交通枢纽的防控工作!"

……

一道比一道更严格、更严谨的指令发出,然后传遍全上海的每一个单位,每一条街道,每一个乡村。

"陈阿姨,您放心好了!有我们在,您尽管放心。有啥事情或者不舒服的地方,告诉我们就是啊!"患者陈女士的病房里,医生、护士一句句温馨的话,一个个关切的举动,让一度担忧、焦虑、情绪极度低落的她,慢慢地舒展面容,露出了希望的笑容。与此同时，在专家指导下，医院不停地对治疗方案进行调整，对药物进行试验，希望更科学、合理地对患者进行治疗……

21日，我在上海某单位采访，发现原来约好的采访对象被抽调到防疫一线执行任务去了。这一天市民们似乎跟往常没有两样，除了大家纷纷去购买口罩、食品外，没有太多"重大新闻"。但是，市委和市政府机关里，大家早已忙坏了，有人告诉我，他们忙得连中午饭都是跑步去抢了几口便重新回到岗位。

"怎么啦？上海也出现大疫情了？"我急切地问。

"没有。但市里要求我们必须做好充分准备，迎接可能出现的疫情。"上海同志说，"再过几天就是春节了，每天从四面八方途经上海和来上海旅游的人就有几百万啊……"

天啊，我一听这数字就晕了，心头顿时像被巨石压着。

"对这些人都得防控呀！一个患者防不住，可能就会传染给百个，百个再传染千个、万个……整个上海是啥样晓得哦？"

晓得！我心想。

面对如此汹涌的人潮，上海到底在这个时间里做了什么，做到什么程度，这是我最为关切的。

后来，我知道了这一天他们为什么忙得不可开交。他们在为23日全面开启的防控措施做准备和布置——这，绝对是一场"战役级"的战斗。

"一旦发现问题,立即采取措施,毫不含糊,这就是我们的'上海经验'!"一位朋友骄傲地说。是的,在全国疫情尚处"火苗"的阶段,大上海已经垒起了防疫的"钢铁长城",这是极其可贵的,它为全市阻止疫情来袭争取了无比宝贵的时间。

"上海经验"何来?上海经验来自这个城市的特质,也许更准确地说,是用血的代价换来的教训。

自开埠以来,上海经受的疫灾不比中国任何一个城市少——我走进上海图书馆,查阅相关资料后,大吃一惊:原来历史上的上海曾经发生过那么多的大疫啊!不说远的,仅1926至1949年的23年间,上海先后有6次天花大流行,累计发病15190人,死亡近万人,死亡率高达59.5%。

专家告诉我,旧上海的传染病之所以流行得十分猖獗,主要是因为市民对城市环境缺少保护意识,对环境造成的健康威胁充耳不闻,视而不见。旧制度下的城市管理又几乎处于应付状态,城市病和城市疫情时常暴发成为必然。

"城市病"在现代化进程中同样存在。

1988年夏天,甲肝传染病在大上海流行,近30万人感染。上海人民并没有被击倒,他们在党和政府的坚强领导下,背水一战,施行后来被专家们认为"可圈可点"的"三招"。第一招,360度全方位无死角"洗脑式"的卫生宣传,让所有上海市民的"神经全都竖了起来"，疫情真相和防控疫情手段人人皆知。第二招，果断掐断直接传染源头。上海市政府决定全市严令禁止销售毛蚶，一经发现，立刻重罚，不留半点死角。第三招，动员全市人民参与战"疫"。1988年的上海，可以接收传染病人的床位只有2800张，全上海总共也只有约55000张病床。疫情暴发高潮时，不到半个月床位就紧缺了。怎么办？市领导下了决心：不惜一切代价，必须将甲肝病人全部收治，切断病毒传播！于是，工厂企业主动把仓库、礼堂、招待所等改成临时隔离病房，让本单位甲肝病人入住；部分旅馆酒店也临时被征用为隔离病房；各区学校、新竣工的楼房，统统都改用于安置病患……再不够时，市民纷纷从家里扛着折叠钢丝床跑到医院捐献。一时间，全市共增设12541个隔离点，床位达118000张，另有近30000张家庭病床备用。

如此这般，一场史无前例的上海大疫被硬生生地遏制住了！血的教训让上海人对待传染病有着不一般的警觉与警惕。上海人终于活出了更高、更好的水平！

2003年"非典"来袭，上海以其强大的抵抗能力，四面阻击，最终以较小的代价，保卫了这个城市。

"呱呱叫！"大家竖起拇指，赞扬上海人。

"上海不能'沦陷'！"这是每一个上海人心中的豪言壮语，也是全国人民的心里话。

然而，此次疫情似乎来势更猛，更凶！与几十年前相比，如今2400多万人口的大都市在疫情袭击时所面临的困难和问题非同小可！"疫情就是命令，防控就是城市保卫战、阻击战、人民战争！"我听到这样的声音不断在黄浦江两岸回荡，也在万千栋摩天大厦的霓虹灯下扩散，更在每一个市民的手机里高频率地传播……

1月23日，我没有停下脚步，很快知道了当天上海的一些战"疫"情况。

这一天的上海，各个医院已经严阵以待。比如，在著名的瑞金医院急诊大厅内，进门右手边，就是新设的前置预检台，站在那里的导医犹如一名时刻警惕又很友善的"边防警察"，拦下每一个进门的人："从哪里来？有武汉接触史、旅行史吗？发热吗？"

"我们原来在急诊预检台工作。"导医说。新型冠状病毒肺炎来势汹汹，为了避免潜在患者走到急诊大厅，第一时间引导他们去往发热门诊，医院在进门处就设置了这第一道关卡。

第一道关卡加装了移动空气灭菌站。"比起以往的空气净化器，它具有消毒功能，可进一步改善就医环境。"院方介绍说。

再往里走，可以一眼看到这样的装备：口罩，隔离服，护目镜……在一间急诊室内，院方负责人介绍说，自新型冠状病毒肺炎传播以来，在像瑞金这样的大型三甲医疗机构中，医院感染管理升级显得尤为重要。

发热门诊装备完备，进门诊大楼也需检测体温。这里是切断传染源的关键地段。从急诊到发热门诊，约有2分钟步行路程。在新门诊大楼隔壁的平房外墙上，"发热门诊"的招牌赫然高挂。

患者可以往里走，但其他人会立即被制止："门之内就是污染区了，请你与它保持距离，以免传染。"把守在此的医务人员"铁板一块"，就是本院的工作人员也不能随便通行。正在工作的医务人员一律穿戴着一体式隔离服。

这是真真实实的临战状态！上海医院真"硬核"！

隔着玻璃门，可以看见"发热患者治疗间"如同一个设备齐全的"小型医院"：预检台、候诊区、收费处、诊间、检验科、放射科……瑞金医院此刻已经能够做到每一个发热患者的就诊和治疗均在这样的独立空间内完成。

"1月23日起，我们上海重点接收新冠肺炎患者的医院，都要求这样做。这是阻击疫情、坚守高地的主战场，绝不能有半点马虎。"上海市卫健委负责人后来这样告诉我。

"当时你们心里害怕吗？面对来袭的新冠病毒……"我曾问一位重症病房的年轻女医生。

她笑了一下，又绷着脸，认真道："不怕。上了战场，怕也没有用。再说，看到患者恐惧的样子，我们就更不能流露出一点慌乱的情绪……"

就在疫情前沿阵地布阵初见成效之际，上海市领导又在为下一步疫情"大决战"打出"组合拳"：

决不能有丝毫麻痹大意，更不能出现任何慌乱现象。

要落实全市联防联控机制。

要全力救治每一个患者。

要密切监控好每一位患者接触者。

要做好早发现、早诊断、早报告、早隔离、早治疗。

要确保防护物资储备和全市人民的生活物资供应。

要确保全市人民能过上一个安定祥和的春节。

要……

"那天，市委书记、市长轮番讲了一长串'要'，而每一个'要'，都像钟声在我们的心头回荡！"上海朋友对我说。

"我们必须立即采取最果断和严厉的防控措施，立即启动重大公共卫生事件一级响应机制！"24日上午，上海市委、市政府召开工作会议，正式决定启动"一级响应"机制，严格落实国家关于新冠病毒肺炎"乙类传染病、采取甲类管理"的要求，实行最严格的科学防控措施。

这也意味着，这座中国最大城市的战"疫"正式打响……

"一级响应"对普通人来说，所能感觉到的是：远行难了。先是部分重点地区来的列车停了，飞机航班没了，轮船自然也不会有了，后来省际、市际交通也一律停运。所有人出门得戴口罩。若不戴口罩进入居民小区或单位、商场等，另一方有权拒绝并强制劝回。凡从重点地区来的人需要隔离14天。

后来证明这是完全正确的决策，它为大上海防疫战斗争取了宝贵的时间。

上海自1月24日"一级响应"后，所有娱乐场所停止活动，包括迪士尼乐园；全市所有公共图书馆、美术馆、博物馆等闭馆。上海还有两个"狠招"：公安、交通、卫健等部门从这一天开始，对经由公路、铁路、机场、水路道口等来沪人员全部实行体温测量及相关信息登记，现场发现发热人员立即采取临时隔离或转送定点医院等措施。也就是说，一张全覆盖的防疫大网把全上海所有陆地、水上和空中给严严实实地罩上了。

有人厉害呀，你举"盾"，我出"矛"。有人听说上海要"防疫检查"后，企图藏匿在汽车后备厢内蒙混过关，哪知被社区居民和执勤人员发现。几天后又出现类似情况，同样被执勤人员发现。

听到这样的故事，会让人笑出声：百姓、百姓嘛，啥事都可能做得出来。有时我在想：这些措施对那些开车、坐车、乘飞机的人管用，"游击队员"你管得住吗？

"阿拉管得牢！"当我把这样的问题向上海朋友提出来后，

他竟然毫不含糊地回答,并详细介绍说,"当然我们没有用篱笆和围墙将整个上海围得严严实实,但我们确实要求郊区四周的村庄、社区干部群众自觉组织起来,昼夜巡逻,把控所有进出人员、车辆,自然也包括田间地头、村庄的角落。这是外围。好吧,你肯定怀疑即使这样也有漏网之鱼吧?是的,问题是,假如有这样的人进到市里,他靠一双腿能跑多远?只要一出田间地头,就会被我们的执勤人员发现!"

哈哈……这招厉害!什么叫人民战争?就是人民被充分地调动了起来。这就是中国,中国本来就是靠人民战争打败了对手,打败了帝国主义列强,打败了侵略者。小小病毒难道不能被打败吗?

笑话!阿拉上海是诞生了领导人民战争的中国共产党的地方哟,侬别搞错了呀!

疫情好些的时候,我跟有关同志谈起战"疫"的群防联防时,这位上海朋友给我讲了一大串有趣的故事。一方面让我大开眼界,另一方面上海人的细心、严谨让我感到敬佩。

我要实地去冒险试试"阿拉上海"会是什么样,比如"一级响应"发布后是不是真正响应了。

我先考察了陆家嘴的几个大商场:确实全关了,除了超市。1月24日,大年三十下午三四点钟,我又一次壮着胆子走进了最近的一家超市,想看看里面的情况:有些吓人——里面人很多,大概与我一样,想做春节前的最后一次采购,多备些存货。会不会被感染呢？其实那个时候大家的防护意识还不是很强。

进吧。我进去了，顺着人流。

我是戴着口罩的，多数人也戴着口罩，让我放心了许多。但确实也有没戴口罩的，怎么办？

"请你到这边来排队。对对，保持一定距离，两米吧！"我突然听到有服务员对几个没戴口罩的顾客这么说。

"好好，我过去我过去。"那几个没戴口罩的人自觉地离开我们戴口罩的人，在另一个地方排队结账。

该结账了。可惜我没有支付宝，也不会用，拿的是现金。

"这里有消毒水，拿了钱后擦擦手，就不会有问题了。"在我接过钞票时，服务员指指一边的一瓶消毒液。于是我赶紧按了一下那瓶子，用手搓了搓。

"这是什么消毒液呀？"我好奇地凑近那瓶子，一看，噢，是一种植物性的消毒洗手液，抑菌率99％！

太好了！商店想得这么周到！拎着一大口袋食品出了超市后，我站在已经变得清静的马路边的小广场上，深深地吸了一口气：完成一次"历险"！我的体会是：上海的保护网蛮"结实"，超市都能做得这么好、这么周到，其他地方肯定不会有问题，至少我觉得很安心。心理平稳对抑制病毒也是很关键的——在"非典"时就听专家们这么说过。

我心头一笑，还没有笑完，突然有人喝住我："哪儿来的?"一看,是酒店保安,他戴着口罩,很严肃地拦住我。

"住在里面的。"我掏出房卡给他看。

"谢谢。"保安说,然后友善地用手示意我,"请这边测量体温。"

"正常,36.4度。"他又说,"我记一下你的房间号。"

他在一张表上填写后,又客气地朝我示意:"谢谢,你可以上楼了。"

"辛苦你了!"我对他说。

"应该的。"他点头。

这样的一个细节在之后的几十天里不足为奇,但是在疫情前期的上海,在1月24日这样一个时间里,我还是感觉"蛮好"的。

这个大年夜或许是我一生中心情最差的一次:房间里没有任何"新年之喜",桌子上不是口罩,就是消毒药水,还有一堆"备战备荒"的食品……往窗外望去,街是深沉的,天下着蒙蒙雨,寒风拍打着玻璃窗。给在老家的年迈母亲打电话问好后,我就想着"上海的事"——我关注着每一天疫情的变化,然而"宅"在酒店里,又怎能获得第一手情况呢?

突然,我想到他和他们——在写《浦东史诗》时遇上的几位知名医生及卫生系统的公务员。他们一定知道情况。

"喂——×大夫,你好啊!给你拜年啦!"我轻声细语,无比温和地开始给这些朋友"拜年"……

"哎呀，你是何作家呀！谢谢侬！谢谢侬！也给侬拜年！你在上海啊！你想知道点情况呀？可以呀，侬稍等……"估计他手头有些事要放一放。稍后，对方接上电话开始跟我"聊"："今天市卫健委刚刚正式对外公布了：全市新增新型冠状病毒肺炎确诊病例13例，加上前面积累的，现在全市累计发现了33例确诊病例……"

"感染者已经不少了啊！"我说。

"是，形势还是不可预测……"对方的声音有些沉重，"不过，我们这边还是很有经验的，这几天是关键，因为现在我们全市防控把守已经非常严了。输入病例可以掌握，同时已经开展各小区的排查，看在武汉疫情初发阶段和我们还没有实施一级响应前，有多少'潜伏'在市区内的隐形感染者……"

"这么大的城市，这么多的房子，怎么能把这些'潜伏'者找出来呀！"我的目光投向陆家嘴成片的高楼大厦，再顺着黄浦江往浦西的老上海望去，那边更是密布的弄堂、楼宇和交叉重叠的道路……嘴边不由长叹一声，那份担忧也传递到了朋友那边。

"确实这是现在上海最困难的一场战斗……但我们有信心！上海有经验呀！"对方说，"虽然昨天一天新增病例多了起来，但总体都在我们把握之中。其中30例目前病情平稳，2例病情危重，1例出院。另有几十例疑似病例正在排查中……"

我注意到他讲了一个关键点。"你说你们有经验，怎么个经验？"

"阻止传染病，防控是关键，而且越早下手越好……何作家你肯定知道，阿拉上海从开埠到现在两百年的历史中，吃过多少疫情的苦头呀！哪一回都把我们惊出一身冷汗……说不怕那是假！但我们上海人确实有经验、有自觉性啦，一听说有传染病来了，马上全都睁大了眼睛，那个警惕性高呐……"

"这个昨天下午我在超市看到了，大家都能自觉配合，而且戴口罩的人比较多了，人与人之间保持一两米的距离。"我插话。

"对啊，这些事看起来很小，但对个人防护非常重要的呀！"上海朋友又说，"在疫情面前，决策者要把一切可能性想在前面，科学分析，果断下令。"

当"一号病人"1月15日出现在上海的医院时，对"一号病人"的流行病学调查全面展开……"当天凌晨两点零五分'一号病人'的核酸检测结果出来，呈弱阳性。我们当即就对与患者有密切接触的几位亲属进行了隔离，然后对患者居住的小区、来上海的行踪点上可能接触的100多位相关'可疑'对象，全部按传染病要求进行观察，采取隔离措施……"上海朋友说。

"找出这100多人你们用了多长时间?"我问。

"几个小时吧!"

"这么快呀!"我惊诧不已。

"不快不行呀!这个流调过程不仅要准确,时间也很关键。如果一拖再拖,感染者将由原来的一个人变为几个人、几十个人……这样的教训太多太惨烈了!"

"如果……如果那个'一号病人'的流调晚一天,或者说对她的诊治晚一天的话,会有什么结果?"我不由想到更可怕的结果。

"这个……其实对我们来说,没有'如果',只有必须分秒必争地排除'地雷',不留一点死角。留一个,就有可能功亏一篑。"

或许听出我声音有些凝重,上海朋友马上"呵呵"笑了一声,说:"放心,作家同志,要知道,上海人做事是最讲究细致的,我们有一套机制和本领,还有一支庞大的专业流调队伍,会将埋藏在深处的所有'地雷'全部排除……"

"是吗?真要如此,太让人放心了。"我松了一口气。

大年初一的凌晨两点多,我睡不着,于是再次询问上海的医生朋友:"现在上海有几例确诊患者了?"

"总共确诊是33例呀!之前跟你说过了。其中30例目前病情还比较平稳,有两例危重……"

"那对已确诊的33例你们的流调做完了吗?"

"有的做完了,有的正在做……"

"来得及做吗?"

"来不及也必须做。"

"人员够吗?"

"目前只有几十个确诊者,绝对不存在问题。只要不一下子出现几百、几千个……那样就比较麻烦了!"

"上海会有这种可能吗?"

"谁也说不准……"

我的心悬了起来……又悬在半空中。

"所以说,早发现,早排除,早治疗,早隔离……总之,所有的事情在这个时候不能有半点犹豫,而且动作要快,要果断,要不惜代价,才能让疫情造成的威胁最小。何作家,你放心,我对我们上海的疫情防控有信心,因为我们上面的领导指挥有方,下面干活的人有经验,市民自觉配合得也好。"

"这就好!"

一次重要的通话,让我对上海的防疫情况有了较准确的了解。其实,就在我与朋友"聊天"的时间里,上海的战"疫"行动在各个角落、各条战线都已拉开。先不说那些一乘十、十乘百、百乘千的"流调"队伍像天罗地网般撒向每一个疑似患者的四周,光是从2400多万市民里冒出来的"发热"患者来到医院门诊,得有多少医生和护士要去接诊、排查和确诊？寒冬季节，感冒发烧的人本来就很多，你能保证没个头疼脑热？

可是，今年这个冬季，谁发热头疼，谁就要小心了呵！这不，我就是这样一个人：稍稍有点冷风，鼻子就马上不对劲；坐在房间里一会儿没开空调，马上鼻子就堵了，浑身发冷……

赶紧喝开水——"咕嘟、咕嘟"两大杯下肚，然后迅速脱下衣服，冲进洗澡间……开最热的水，冲！冲它十分钟，再冲十分钟……哟，满头大汗了！

我的心里有些舒缓了。

还需往被窝里钻，再盖上厚厚的被子，闭上眼……强迫自己睡它一觉，深度的！

醒来时，已是庚子年的大年初一清晨。也不知外面的世界变成啥样了——反正，手机上满是戴口罩的"拜年"图片与祝福的信息。但其中有一条信息令我一下子从床上跳了起来——

何老师：报告一个好消息，我们的"一号病人"今天下午正式出院了！她已经连续三天阴性，属于康复的患者……祝您平安健康，新年快乐。

天哪！上海太牛了！竟然在1月24日这一天就把上海第一个新冠肺炎患者给治愈了！

这是庚子年的第一个早晨我所获得的一个天大喜讯，它比一顿年夜饭更令我兴奋。

这天清晨,我起床后从酒店的楼上奔跑到后面的草坪上,向着近处632米高的"上海第一楼"——上海中心大厦,向这座伟大而可爱的城市深深地三鞠躬……

2. 城市猎毒者

如今国与国、地区与地区之间的实力比拼，通常是在城市间进行的。纽约代表的是美国的现代化水准和实力，东京代表的是日本的文明与现代化程度，伦敦、巴黎代表的则是欧洲老牌"帝国"的雄厚实力。欧洲国家基本上都已完成了城市化，所以像意大利、西班牙、瑞典等许多欧洲发达国家，一个大城市即代表了国家的形象和实力。

曾经有中外机构预测，倘若武汉疫情控制不了，中国第二个大暴发地必定是上海，而且预计感染者会达到80万人。这个推论，是基于上海在全国的城市中人口密度最高、人口的总量最多，此外，上海开放程度最高、流动人口最多，尤其是在春节期间，从南到北的10亿多人次的大流动，几乎有一半是要经过上海的。春节时的上海气温既不像广东那样热，又不像北京那样冷，所以"上海得病是服服帖帖的事"——我曾经多次听专家和一些机构这样议论新冠疫情的

"上海险情"。

但后来我们看到了：上海稳稳地打了一场漂亮仗！

从2020年1月20日公布第一例确诊患者，到3月31日止，全市本地新冠肺炎确诊者仅有348例，其中死亡5例。3月初以来，由于国际疫情的暴发，国家调整了航线，上海增加境外输入确诊者146例。即使这两个数字加在一起，上海与世界几个著名大都市相比，其疫情的控制力让人赞叹。

上海还有两项"硬核"更让外界叹为观止：没有一个被感染的医务人员；在全世界疫情大暴发之际承担了中国一半以上入境者的检疫任务。

这种硬气是"硬碰硬"的。

你知道这是为什么吗？当然我们可以说出至少十个以上的理由，比如上海领导有方、上海治理能力强、上海医疗资源丰富、上海人格外精明，甚至上海人"怕死"……

然而我知道另外一个特别重要的原因，是上海有一群特殊、能干的"猎毒者"。他们是一群平时不穿白色防护服、只有在战斗现场全副武装，一旦发现病毒冒尖露头，便立即冲锋在最前面的默默无闻的英雄战斗员。他们很像战争中的侦察兵，又像坚守阵地的狙击手，更像执行特殊任务的敢死队……总而言之，是病毒阻击前线的"战士"。

何谓"猎毒者"？简言之，见病毒，便迅速出击、前挡后堵、斩草除根、扫净治清的行动者。

谈何容易！病毒是隐性的，不同病毒的传染方式也不尽相同，有的以血液相传，有的在空气中传播，也有的在密切接触过程相互感染……而新冠病毒比人们想象的要狡猾得多。

在每一场疫情袭来之时，最受关注的是病毒的源头在何处，病毒学专家要千方百计地寻找到"0号病人"……这是病毒学必须弄明白的事，可奇怪的是，常常一场声势浩大甚至席卷全球的传染病，到了最后也没有找到"0号病人"。

百年前的鼠疫如此，17年前的"非典"如此……似乎此次新冠肺炎也是如此。

中国人自2003年"非典"之后，迅速学会了一件事：建立急性流行病防控调查体系，并纳入国家和城市社会管理体系。这支队伍叫"流行传染病医学调查队"，下属于每个城市的疾病预防控制中心。"非典"之前，这个体系也存在，只是规模没现在那么大，叫"防疫站"，在上海、北京一些大中城市的社会公共卫生方面做过许多重要贡献。后来，"防疫站"改成了"疾病预防控制中心"，基层叫"疾病预防控制站"。它的主要职能没变，只是像北京、上海等超大型城市的疾控中心规模较大、功能较多，有"流调队"、病毒分析实验室、传染病防治等机构和相关专业人员。他们是保护我们生命的"特种兵"。

在这支"特种兵"中，最厉害的要数流调队，它是特种兵中的特种兵，行内称其为"猎毒者"——病毒流行时，他们会以最快的速度出击，直至将其猎杀干净为止。

2020年3月17日，我第一次参加上海市抗击新冠病毒新闻发布会，来到位于上海市中山西路1380号的市疾控中心，第一次见到了流调队的"头儿"、病毒学专家潘浩先生，他的正式身份是——上海市疾病预防控制中心传染病防治所急性传染病防治科主任、抗击新冠肺炎现场工作组副组长，直接负责流调队的工作。

"平时我身边只有十几个人，区县倒还有一帮人。后来疫情暴发，我们的队伍迅速扩大，最多时有三四千人……"

"一个师的兵力啊！"当过兵的我，用军事术语告诉他。

潘浩笑："那我真的成'司令'了？！"

"不是我骄傲，但确实可以这么说……"潘浩摘下口罩，认真地跟我说，"如果这次不是因为从市领导到卫健委一层层指挥得好，对我们流调队伍重视，上海抗疫战斗绝对不会打得这么漂亮！"

"这么肯定？"

"当然。我可以拍着胸脯对这句话负责。"潘浩重重地点头，说，"面对病毒传染最关键的是要有人遏制它的蔓延与发展，一旦遏制不了它，其结果不堪设想。意大利也是，如果一个月前他们能把阻击病毒传染这事交给我们，绝对不会出现现在我们所看到的惨状……"

潘浩的话音突然沉重下来。片刻，他说："当然，现在一些国家已经都在学习我们武汉的'封城',这也是一种重要的积极做法,但代价实在太大。如果能早一点行动,损失可能会变得很小很小。"

"现在代价太大。"这位经历过大大小小几十场疫情的病毒学专家连连叹气,"传染病最怕源头和开始时没控制好。堤坝出现一个鼠洞甚至一个蚂蚁穴,你就得马上堵住它,否则转眼间决堤溃坝,洪水猛兽啊!"

先说说上海近期的"猎毒"情况?潘浩娓娓道来:

2月26日这一天,应该说那个时候我们上海的防控战"疫"形势相当好了,连续许多天没有新增确诊病例,这对上海来说,极其关键,因为已经有很多单位复工了。但就在这一天,宁夏回族自治区中卫市发布了一则确诊病例的消息,关键是这个病例是输入性的,这个问题一下子变得复杂了!

他的出现,让我们上海2400万人、让全国人民又惊了一下,因为他这"毒"与国内所有患者毫无关系,是从境外带到国内的,在这之前并不在我们防控的主要辐射范围内。我们的心自然一下悬到了半空。

"猎毒"战斗进入了一个新的阶段和新的战场……

我明白潘浩的话,这一阶段中国战"疫"主要是防控境外输入。上海在此间任务最重,浦东、虹桥两大机场承担了全国一半以上入境者的检疫任务。

潘浩说，宁夏这一例患者的活动轨迹是这样的：2月19日13：30（伊朗时间），他从伊朗机场乘坐SU513航班，于17时左右（莫斯科时间）到达莫斯科机场，其间佩戴N95口罩。在莫斯科机场附近的胶囊旅店，他停留了16小时。2月20日9时左右（莫斯科时间），此人从莫斯科机场乘坐SU206航班，于23：05（北京时间）到达上海浦东国际机场。出机场后乘坐出租车到达和颐至格酒店入住。2月21日16时左右，他乘电梯下楼，将所寄物件交与快递员后返回房间。2月22日9时，此人乘坐网约车到达上海火车站，在候车期间曾在火车站广场手机卡代办点办卡，并使用候车厅内的按摩椅。然后乘坐Z216次列车于23日17：20到达兰州火车站，在火车上除用餐外一直佩戴一次性口罩。后来，此人于2月23日20时从兰州乘坐K9664列车，并于2月24日凌晨1：19到达中卫自己的家中。两天后发烧，并被确诊……

"我们了解到这一情况，立即启动联动机制，因为此人的行动轨迹关联到海关、交通、商业等，我们对机场、出租车、酒店、火车站等迅速进行了追溯排查，最后正式锁定63个在上海的密切接触者，连夜要求这些人进行14天的居家隔离。"潘浩说。

"一共花了多少时间？"

"七八个小时……"

"这么快！这63个人都找到了？"

"必须找到!"

"会不会漏掉一两个?"

"不会。"

"凭什么这么肯定?"

"凭我们的专业水平和详细的现场调查与复盘……"

潘浩似乎看出我依然怀疑,便拿出一支笔,非常熟练地画起来:他走过的路、去过的地方、住的酒店,我们根据他的行动轨迹,一一到现场察看,看有可能接触的人,还要看这些被接触的人是不是有防护,如果有防护,比如戴着口罩,比如离此人有一定的距离,那么这些人就会被排除。然后再一一看与他接触密切和距离非常近的人,仔细看是否有可能传染上……我的队伍里都是专业人员,一个小组几个人分别推演,再汇总起来分析研究和讨论,再进行分析认识,最后形成"报告"。这个"报告"就是我们的"猎毒"方案。明确了对象,"猎毒"就是一场围剿的战斗——按照传染病防控要求和国家相关法律法规,告诉那些密切接触者进行14天的医学观察和居家隔离。

"你们要一个个核实,再一个个通知他们?"

"是的。核实全部由我们的战斗队员来,要求他们居家隔离等就通知他们所在单位、社区来实施。"

"那些人配合吗?"

"开始不怎么配合,现在大家基本都能配合得不错。所以我有一句话：大疫当前，每一个都应该是战斗员，患者也是战斗员，因为你配合治疗，也是在同病毒做斗争。作为一个普通公民，你'宅'在家里，既保护了自己，也保护了他人，也是战斗员。"

"做合格的患者，做合格的公民。我在这近三个月的疫战中，对这两句话的认识和体会太深了！"潘浩说。

我在采访"猎毒者"之后，才知道这错综复杂、惊心动魄的抗击新冠病毒的"猎毒"战斗，其实就是一次次"破案"的过程，"我们是穿着防护服或者通过电话，靠一张嘴去做工作……自觉的人听，不自觉的人会反问一个'为什么'。按国家《传染病防治法》要求，公民有义务如实报告真实情况，但有些患者、疑似者或密切接触者可能半配合半隐瞒，也可能根本就不配合。而我们的任务是：必须对所有的病毒进行全面彻底的'猎杀'，否则前功尽弃。漏网之鱼所造成的危害绝不亚于一场战争"。

"说点具体的，我很想听听……"这是我所期待的。

潘浩笑笑："故事太多了！你要有时间跟我们队伍里的那些队员们聊聊，他们比我讲得更精彩，而且每天都有各式各样的新故事，每一个故事都很不一样。"

他把我的胃口吊得高高的。

不过，我仍然最喜欢"从头道来"，也就是说潘浩和"猎毒"团队是如何"逮"到"一号病人"的。

上海的"一号病人",也就是上海"首例输入性患者",来自武汉。

"武汉离上海那么远,病毒它要传染到上海不需要十天八天?"有人一定会跟我一样如此想。

潘浩笑笑,说:"那是外行人理解的病毒传染。"他解释,现在的病毒传染可不是按照城市或国家之间的距离来计算的,一种源于十万八千里外的病毒,可能一两天时间就能到我们中国,传染到你我他身上……"

"这么快啊?什么道理?"

"非常简单。"潘浩解释,"一个携带病毒的患者乘着飞机越过大洋,可能一觉醒来,病毒就到了我们身边……"

原来如此!

"武汉的疫情,其实到我们上海只需要3小时58分钟——这是从武汉到上海虹桥站的高铁所用的时间。"

我完全明白了。

"上海的'一号病人',你们是怎么发现的,又是怎么知道他何时到上海、以何种方式到上海的?"

潘浩被我问沉默了。片刻,他抬起头,这样回答:"其实在任何一个地方,首例患者是最难阻击的,病毒的狡猾之处超过了我们人类的想象,它进攻的能力也超越了我们人类的本领,所以通常它对我们人类的攻击,可谓所向披靡,战无不胜……"

听潘浩把病毒描绘得如此凶险与神奇，我不得不反问他："这么说我们人类就对它真的束手无策？任其袭击？"

"那倒也不是。"潘浩笑笑，自信道，"有道是'魔高一尺、道高一丈'。"

"其实，从去年12月底我们从互联网上听说武汉暴发'不明原因肺炎'时就非常紧张。后来随着那边传出的各种若明若暗的信息，我们就更加警惕和紧张……"潘浩叫来他手下几位年轻的"猎毒"队员，他们竟然都是"80后""90后"。

"还是想强调一下：作为专业队伍，'一号病人'对我们来说至关重要。"

职业的敏感，让地处黄浦江边的上海疾控中心和潘浩的团队时刻警惕着所有地方的疫情……

"武汉有情况了！"这一天是2019年12月31日。

也就是在这一天，武汉市卫健委正式发出一则关于"不明原因肺炎"的通知。

从这份通知我们可以看出，武汉在12月30日前已经有相当多的"不明原因肺炎"病例。

武汉卫健委用的是"不明原因肺炎"，因为当时医学界对新冠病毒还缺少认识，只知道这种病毒与2003年的SARS十分相似，当时国家的卫生部门也是用"不明原因肺炎"来发布这一呼吸道传染病类重特大突发公共卫生事件的。

"喂,你们在开会呢?!我这里得到一个情况:说武汉那边发现'不明原因肺炎',你们马上收集些情况,尽快把'不明原因肺炎'对我们上海可能造成的影响出份报告!要快!"

"嗯,就是这间房子。"第一次采访潘浩时,他便指指隔壁的那间屋子说,"12月31日上午,我记得清楚,我们正在开一个一般性工作会议。主持会议的疾控中心副主任孙晓冬突然接到这么一个电话,是疾控中心付晨主任打来的。这样的事可能一般人不会有什么特别的感觉,但对我们搞急性流行性传染病防控的专业人员来说,就像将士们听到哪个地方在打仗一样警惕!当时我们根据孙晓冬副主任的要求,立即停止了会议,我带了5个人就开始了战斗……可以这么说:如果要总结上海这次抗击新冠病毒的战斗,那真的应该是从付晨主任打给我们那个电话算起,至少在那个时间点我们急性传染病控制条线上的战斗准备就这样起步了,从此再也没有停止过一天工作,一直到现在……"潘浩说得非常肯定。

他给我找出12月31日当天他们几个人在下午四点前向疾控中心领导和市卫健委递交的报告原件。这份报告可以说明两点:一是上海的反应之敏捷,二是上海疾病防控的专业水平。这份由潘浩他们起草并呈报上级的报告标题为《关于武汉"聚集性不明原因肺炎事件"的舆情监测及我市不明原因肺炎发生风险和防控工作建议的报告》。

"这个报告很关键啊,它意味着我们上海的'猎毒'行动正式开始，或者说拉响了警报！我们是社会主义国家，要想'猎毒'成功，尤其是像这样的大疫情，你不靠党和政府，还有全体民众的支持，那是不行的。习总书记讲它是人民战争也是这个道理。"潘浩说。

毫无疑问，潘浩他们起草的这份报告，对上海防控战"疫"来说具有"里程碑"意义。

这份《报告》经潘浩起草后，直接呈到疾控中心，由付晨主任、孙晓冬副主任等领导与专家们进行讨论和修改后，正式以"上海市疾病预防控制中心"名义，向市卫健委和市政府上报。落款时间是"2019年12月31日"。

当天晚上它已经到了市卫健委领导和相关市领导的手上。元旦那天，市领导对此迅速做出了十分重要的指示：务必加强市区范围内的"不明原因肺炎"监测，立即启动相关医学培训工作，同时密切关注武汉聚集性不明原因肺炎事件的最新进展。

此时喜气洋洋迎接新年的人们，怎么可能想到之后的情况。

惊恐和感叹之后，我们怎么不要感谢作为城市传染病"眼睛"的"猎毒者"们——疾控中心的专家和他们的指挥者？！

"第一时间"至关重要，决定着"猎毒"能否成功。即使迟缓一分钟，就有可能使大堤崩溃，洪水泛滥，不可收拾。

"当天交完报告后，我的心其实就已经开始收紧了。你问为什么？这你可能不知道，我们这些搞急性传染病的人神经敏感得不行啊！因为这事跟我们有关呀！你想想：当时武汉那边其实已经有些传言了，现在手机上的信息传得多快嘛！我当天回家很晚，一直在琢磨和猜测武汉那个'不明原因肺炎'到底是什么？它是不是就是2003年的'非典'？如果是，它为什么又在这个时候出现了？如果不是，它到底有什么不同？那我们上海该怎样来应对这种病毒？平时人家说我们搞急性传染病防控的人就像城市侦察兵一样，你现在听到武汉那边说有'敌人'已经开始发动进攻了，我们上海这边能无动于衷吗？那是绝对不行的！"潘浩一语点出了严重性和紧迫性。

"所以一听说武汉'有事了！'不管是真是假，我们都必须迅速反应，不能有丝毫迟缓与麻木，不然就是严重失职，甚至是犯罪。"正是怀着这份心思，潘浩说他那天晚上就没有好好睡觉，因为心里一直不怎么踏实。"闭上眼一想，就是我睡觉的一个晚上，会有多少列高铁、多少个航班、多少人驾车到上海来呀！"潘浩说元旦那天一起床他就把自己单位的几个骨干叫到办公室，继续修改报告，对"不明原因肺炎"可能对上海的影响做了补充。

"目的就是让领导更加重视。"潘浩说，否则他的"猎毒"行动只能打赢"局部战斗"，却无法打赢"全局战争"。

其实领导们跟潘浩一样，甚至比潘浩更着急、更操心呢！

元旦这天,上海市疾控中心的很多人根本没有在"节"上,完全扑在工作上。1月2日一上班,疾控中心立即组织应对"不明原因肺炎"的医学专业培训。

"听说'仗'已经打起来了,可'敌人'在哪里你不得而知,这是最让人心焦的。"在防控急性传染病工作岗位上战斗了二十年、经历多次重大疫情事件的潘浩这样说。军人出身的我,立即理解了他当时的心境。

疾控中心所有人都为同一件事紧张着、警惕着、担心着——毕竟,上海那么大,不可能用篱笆围起来,更不可能堵住每天几百万的外来人流哟!

"元旦两天假期,对我们整个疾控中心来说,心情都跟潘浩一样:一面通过各自的渠道把眼睛盯在武汉那边,一面盯在自己的地盘。确实像潘浩说的一样,我们上海城市大、人口多、密度大,这是最容易造成传染病流行的。"被人称为"健康上海行动操盘手"的王彤先生是上海疾控中心的公共卫生科普方面的专家,他给我介绍了上海历史上曾经"吃过苦头"的疫情,这也让我们明白了为什么上海人对传染病一类的事格外"针尖对麦芒"——这话的意思是"你锋利尖刻,我也毫不含糊,与你尖对尖、针锋相对地死磕到底"。这里的"你",当然指病毒。

"其实我们国家对'不明原因肺炎'传染疾病早就有相关

规定的。有人说我们上海对付此次新冠病毒肺炎从开始就非常有序和高效，要我说，是因为我们长期以来高度重视城市公共卫生和传染病防控而已。"王彤告诉我，其实在"非典"疫情之后的2004年7月9日，卫生部就下发了《全国不明原因肺炎病例监测实施方案（试行）》和《县及县以上医疗机构死亡病例监测实施方案（试行）》两个文件，要求在全国开展不明原因肺炎的监测报告和早期预警工作。三年后的2007年5月10日，卫生部在总结前阶段工作经验基础上，又制定了《全国不明原因肺炎监测、排查和管理方案》。2013年，国家卫生部门又公布了这一方案的修订版。"可见国家对曾经吃过大亏的不明原因肺炎极其重视。我们上海疾病防控部门就是在这种精神的指导下，加上上海在历史上吃过许多次传染病的苦，只要听到哪个地方有疫情，不管是国内还是国外，大家一定特别警惕。这一次也是一样。"

在疾控中心等候几位采访者的空隙，我注意观察了一下这个不算小的院子，有好几栋相距一定距离的楼房。潘浩说，楼与楼之间保持一定距离，是专业需要，建楼时考虑到了它的功能性。

"我自己的小单位在1号楼，2号楼有病毒实验室等部门，元旦前后那两三天时间，我和许多同事就在这两栋楼里来回跑……"潘浩这样回忆说，"你想嘛，实际上从12月30日那天，网上就已经有不少武汉的'非典'传言，到31日，说法就更多了。作为'第一报警站',我们疾控中心自然首先得把耳朵竖起来、眼睛盯准了……"

"1月初,我们的防控和应对'不明原因肺炎'专业培训就已经开始了。"潘浩说,"别小看了这一个培训,其实它把我们上海为控制病毒侵袭设下的篱笆给扎紧了!"

"老实说,从元旦后正式上班开始,我们的内心特别紧张,希望培训的那几十个人像网一样地撒到各发热门诊了解情况,看看有没有异常发热者,主要是寻找武汉来的发热就诊者……一方面生怕漏掉,一方面又怕出现。漏掉一个就是莫大的隐患,可真要出来一个,就意味着病毒已经到了上海。你说当时我们紧张不紧张?"

"为啥?"我好奇地问。

"你想想:上面的领导平均半天就要来个电话问:有没有出现'病人'呀?我们知道他们指的是'不明原因肺炎'患者。我们怎么回答呢?没有发现呀!可越是回答没有发现,我们的领导们好像越着急……"潘浩说。

"这又为什么?"

"简单呀!不发现,就意味着可能有病毒携带者处在没有人关注和警惕的情况下,说不定病毒已经在我们的市民中广泛传播了!这更吓人嘛!所以我们的领导最关心的就是这。"潘浩说,他和同事们也最怕"漏网之鱼"。

"这个后果太可怕!所以我们从元旦到第一号病人发现的

十几天里,每天紧张得要命。你想嘛:一面武汉那边的消息不断传来,另一方面我们上海这边市民们照常热热闹闹、欢欢喜喜地串门走店,集聚的频率高、范围大,越来越严重!"潘浩说,在各种矛盾搅成"一锅粥"的情况下,疾控人员像深藏于草丛中的士兵,等待不明方向来的"敌人"……

"那个时候,我们既需要镇静,又得充满耐心。在与各医院保持密切联系的同时,还要到'阵地前沿'去观察——到各个重要的发热门诊去看到底是真没有逮到'敌人',还是由于工作上的失误而让隐蔽的'敌人'逃走了。各种可能你都得考虑,漏掉一个'敌人',对我们来说,就是严重失职。所以说,在背负这么重的责任下,我们的神经不是快要给绷断了吗?"

那些日子潘浩他们内心万分焦虑,还有另一个原因,就是对当时各医院发热门诊所采用的"不明原因肺炎"的诊断标准持"谨慎的高度怀疑"。

"这是什么意思?"我问。

"查找一个病毒患者,你得有标准呀!甲肝有甲肝的标准、'非典'有'非典'的标准,现在武汉传出来的不明原因肺炎到底是个什么东西,医生到底如何诊断其为'不明原因肺炎'呢?如果标准不对,你又怎么可能诊断得出来他到底是不是呢?"

我万分理解潘浩他们当时的心境!在这里,我不得不由衷地赞叹上海疾控的专业水平之高、反应之快，因为当许多省市尚未拿出一份关于"不明原因肺炎"的病理特征和诊断标准时，上海疾控中心迅速组织专家，迅速拿出了一份"对不明原因肺炎病例的监测试行意见"，发送到了各区县的发热门诊。这份试行意见，对指导各大医院诊断"不明原因肺炎"起了重要作用。1月17日，上海市卫健委在征求更多专家意见的基础上，形成了正式的《上海市新冠病毒感染的肺炎病防控方案》，连同六个具体方案正式下发到各区县卫生部门、相关行政部门及所有医院等单位，这是后话。

1月12日，全国各卫生系统都收到了国家卫健委的通知，正式把"不明原因肺炎"确定为"新冠病毒肺炎"。

"注意啊，你们千万要注意按照国家对'新冠病毒'的诊断标准做好细致工作，一旦发现，立即报告我们！"潘浩和他的团队在市疾控中心领导下，开始"阵地前移"，日夜紧盯着每一个可能会"冒"出来的病毒携带者……

"特别是要注意武汉来的和去过武汉的发热者……你们心里万万要有数啊！"那些日子，潘浩的嗓子都快冒出火焰了。

"还有一个数据我也一直在天天默默地念着：约有30万武汉人在上海有房子、有亲戚……他们春节很可能在武汉和上海之间走动，他们中间到底会有多少新冠病毒携带者呢？"潘浩说他越念这个数字，越感到心头像压了一座大山，"气都有些喘不过来！"

然而，2020年的1月，这些情况让潘浩等上海疾控中心人员吓得不轻。

"你们到现在还没有发现一个'敌人'？"

"怎么搞的，千万可别漏掉了呀！"

"下去再看看到底有没有，还是有了没发现……"

潘浩快被逼疯了！一个个询问与追问的电话不停地给他打来，当然是上面的领导，也有同行，甚至是亲朋好友，他们也都万分警惕与紧张，自然特别关心自己身边的事。

"有情况啊？快快把采集的样本送过来……"正如潘浩判断的一样，你在上面一吆喝，下面的医院的眼睛也全部盯上了。这一盯紧，就会有"苗头"。

已经连续作战50多天的潘浩坐在我旁边的沙发上，给我回忆"战争初期"的状况："大约在1月10日前后，那几天我们每天接到不少医院送来的'可疑敌人'的情报，既紧张又兴奋，因为都在盼'敌人'的出现，又怕'敌人'的出现！可是，最后发现，那几天医院送来的'可疑敌人'都不是新冠病毒……"

潘浩说，每一次医院送来的"样本"经过病毒实验室检测之后，结论说"不是"时，"真的又高兴，又有些失落……"我能理解：此刻潘浩他们高兴的是上海还没有被"新冠病毒"侵袭，失落的是狡猾的"敌人"仍没有被发现。

真正的"猎毒"战斗谈何容易！

从武汉到上海，什么地方该是最前沿的阵地？火车站。虹桥交通枢纽既有机场，又有高铁站，还有通向市区的地铁站。

2020年春节前的"虹桥"，几乎成了上海上上下下最担心的那个"口"。这"口"实在太大，一天一百多万人在此进进出出，如果有几个病毒携带者在其中走来走去、上车下车，那将会传染多少人呢？无法想象！

"想想你就会感到恐怖！"跟我介绍情况的是距虹桥交通枢纽最近的一家著名医院的院长马骏。她是位年富力强的权威专家。

我刚坐定，她便开始给我"背书"：同仁医院是上海长宁区唯一一座中心医院，承担着全区150多万人的医疗保障任务。"除了长宁区市民的医疗外，我们承担的车站机场和交通方面的医治任务很重，平时收治的交通事故病人特别多……"马院长说，因为虹桥是交通枢纽，所以交通车辆事故也特别多。

或许正是这个缘由，同仁医院在此次上海抗击新冠病毒战"疫"中，又被挺在了最前线——火车站一旦发现"发热者"，将立即被拉到马院长这里的门诊进行会诊，再由专家组和病毒实验室确认是否为感染病例……后来这里"逮"住并确诊了22例。

这两个多月里，同仁医院的每一位医务人员都是冒着生命危险在枪林弹雨中厮杀的战斗员,一个确诊患者的到来,就是一场紧张而激烈的"猎毒"生死战……这是怎样的战斗呢?

我去同仁医院的时间是3月19日,早已是"大战"平息之后的对付境外输入疫情的"局部战斗"了,即便如此,仍然能感觉到医院里里外外"戒备森严""敌情重重"。尤其是工作人员陪我往里走的时候,远远地指着那栋与整个医院主要功能区相隔一定距离、独立成院的粉黄色的"5号楼",换了一种口气叮嘱我:不能往那边靠近了!

自然我也对它望而却步。

"一号病人就是在这里被'逮'住的……"马院长的语气里仍然听得出一种"杀气"。

"说来也算巧合,但又似乎是我们上海、我们医院平时的一种'备战'意识让这次战疫一开始就打了个漂亮仗!"马院长说,"5号楼是医院的专门收治传染病人的地方,以前比较破旧。2019年下半年,刚刚整修,建立了相当好的隔离病房,从门诊到观察室、病房、危重病房都进行了改造,并更换了更先进的设备。这本来是为每年举行的进博会服务的,因为前年和去年举办第一、二届进博会时,我们作为虹桥商务区内最大的医疗机构,需要接诊越来越多的前来参加进博会的就医者,改造传染病房和发热门诊楼,就是在这种背景下进行的。哪知新装修的传染病楼,年底刚刚调试和试运营结束，竟然遇到了这场史无前例的大疫战……"

就在"一号病人"出现在同仁医院的当天晚上，从潘浩，到中心主任付晨、副主任孙晓冬，再到市卫健委、市领导，已经第一时间知道了相关情况。这个消息到底是好还是坏，所有接到电话的人都很紧张，同时内心还涌出一股恐惧与担忧——那个时候，大上海是沉睡的，但凶猛的敌人已经悄然来到身边，正开始以无法想象的速度与猖獗之势，张着喷血的丑陋巨嘴，袭击这个繁华的、温暖的、沉浸在浓浓节日气氛之中的大都市！

"你们务必要以最快速度安置好这位病人，同时做好医务人员和其他人员的防护……相关方面要迅速启动应急措施，从现在开始不能有一个地方出现漏洞！"这是市领导半夜打来的电话。这个时候，潘浩派出的流调队员肖文佳和宫霄欢已经到了同仁医院，并且第一时间出现在隔离病房的陈女士面前。

"请问你叫什么名字？哪里来？来之前跟谁接触过？还去过哪些地方……"全副武装的肖文佳和宫霄欢开始对她进行流行病学调查。

"你们……你们要干什么？"陈女士看着只露一双眼睛的小肖与小宫，紧张得喘不过气。

"别紧张，别紧张。我们是来作些调查，看看你到过哪些地方，跟哪些人接触过……"肖文佳忙解释。

"这……这跟我治病有关吗？我不想说……你们走吧！走吧！"陈女士因为生病，有些不耐烦地挥挥手，侧过身子，拉起被子，往头上一盖——她不想理会他人。

"你！"小肖和小宫还想再说什么，被一旁的刘岩红医生示意别着急。说着，只见刘岩红医生走到病榻前，稍稍凑上前，对患者陈女士说："阿姨，你不用怕，他们是想向你打听一下情况，主要是为了你家里人的安全，不用担心啊！"

经刘岩红医生这么一说，患者陈女士似乎冷静了一些，重新转过身，对两位流调队员说：我就是从武汉来的，乘了某某班次高铁，坐在第几节车厢，后来到了上海，是女婿去车站接的，后来到了女儿家，是四五天前到的上海。因为一到上海后就感到不舒服，所以啥地方都没去，这不今天晚上又发热了，有些扛不住，就来医院了……

"你武汉那边家里还有人吗？比如你爱人、孩子他们……"小肖和小宫又问。

"我跟儿子、儿媳和孙子住，除了孙子，他们还在上班……"

"发热以后在武汉有没有接触过什么人？"

"去过两次医院，还有出去买过几次菜啥的……"患者陈女士回忆道。

"到了上海你没有出过屋子？"

"没。烧着呢！想出去也没力气呀！"

"阿姨你想想还到过啥地方？"

"没有了。"

"那好，如果想起来啥，你就告诉刘医生，也可以告诉我们……我给你个手机号码啊！"

"撤！"大约用了两个小时做完流调后，两位流调队员相互使了个眼色，一起与患者打过招呼后，规范又快速地脱掉防护服并进行消毒，随即迅速从同仁医院驾车回到办公室。

"立刻通知区疾控中心把相关密切接触者隔离，绝不能让病毒在上海扩散！"潘浩听了汇报后，立即给队员们下达命令，"现在是零点二十分！我们争取在两点钟前把流调报告写好，并且呈送到上级机关。"

"没问题。"小肖和小宫齐声说道，随后趴在桌子上开始"干活"，那电脑键盘"劈劈啪啪"地被敲得一片响。

趁着助手们忙活，潘浩迅速与陈女士的女儿和女婿通了电话，又详细询问了几个细节，因为他们也可能是重要的病毒传染源。

"这项工作第一时间搞定是最关键，而且不能出现漏洞，这两点十分关键，它等于是我们跟病毒在赛跑，谁跑在前头，谁就有可能抢下一条生命，所以不能耽误一分钟！越早越好，越快越好，同时又不能忽略了什么！"潘浩几次对我这样说。

"头儿，报告起草完毕，请审阅。"凌晨两点整，潘浩刚扫了一下手机上的时间，一旁的助手肖文佳与宫霄欢已经将一份整整齐齐的流调报告打印稿，递到潘浩手上。

"行！"潘浩快速扫了一遍，说道，"再打印两份：一份我们自己留底，一份上报中心，一份发给同仁医院……"潘浩一边说，一边再次换上防护服，并命令队友："通知消毒组，带上东西，马上到虹桥火车站消毒去！"

"是！"战斗队伍又要出发了！行动在黎明前的黑暗之中……

这是流调的一个重要步骤：凡调查清楚确诊者去过的地方，都必须由专业人员去现场消毒。

"从同仁医院那边来电说有确诊者的那一分钟开始，我们的整个战斗机器就开动了，从此便一直没有停止过，直到现在……"3月19日下午见潘浩时，他说他和队友们从1月16日半夜起，一直在"战场"……我对此深深地感动和敬佩。

这确实就是战场：它关联着2400多万市民和一座伟大城市的命运，你无法出现丝毫差错。处在阻击疫情最前线的潘浩和他的队友，深感肩上的担重千斤。

然而，"一号病人"的出现，牵动的何止潘浩他们。第二天早上还未到上班时间，市卫健委、疾控中心和马骏院长那里，已经接到分别来自市委、市政府的数个电话了，都是在询问同一个问题：到底是不是"不明原因肺炎"？

"根据今早两点半左右我们在实验室做完病毒样本所得出的结果，是弱阳性。符合其特征。"疾控中心回答。

"马上上报国家卫健委!"

"是!"

这是必须走的程序,因为根据国家相关要求,确诊新冠病毒肺炎需要经过国家疾控中心实验室再次确认并由国家卫健委批准后才能正式公布,这是疫情初期的流程。

那个时候,除湖北之外,还没有一个省市区报有疫情,它关联到许多问题、许多因素……

1月16日8点钟,同仁医院上下已经忙碌开了。马骏院长主持召开了院级领导和专家会议,时间虽短,但任务清楚:马上组织专家团队对"一号病人"进行会诊。

"这不是一例普通的传染病患者,它可能是我们上海打响与不明原因肺炎战斗的第一枪。今天早上到现在我至少接到近十个电话,从区到市领导,方方面面都在关心关注这个患者,所以现在我们决定请蒋利副院长亲自带着院里的专家们对一号病人进行会诊,要尽快形成报告。马上行动吧!"马骏院长刚起身,又布置了一个任务,"对了,大家务必要做好防护,凡接触病人的都要按规范做,绝不能有半点马虎!这是一条铁律!"

此时院长的脸色极其严肃。

不到九点,身材高大的蒋利副院长带着来自感染科、呼吸科、影像科、重症医学科、药学部等的六七位专家来到陈女士病房,对她的病情进行会诊。

"你们、你们……干啥呀?"陈女士见来了那么多医生,而且全都穿着只能看得到眼睛、认不出面孔的,她从没有见过的那种厚厚的防护服,一种恐惧感油然而生。

"没事。不要紧张,我们来看看你……住在这儿就可以放心了啊!"蒋副院长等一边温和地与她交谈,一边在察看她的体温与身体状况,前后半个多小时,退出病房,一起来到传染科的小会诊室讨论。

"就病人的症状和片子来看,肺炎是毫无疑问的了!而且她的这个肺炎图像比较特殊,所以我们要高度重视,鉴于她又来自武汉,需要马上对她采取特殊的治疗。因此我们建议立即启动应急预案……"蒋利是院里分管业务的副院长,他的权威摆在那里,所以他做了总结。

"现在开始,病房内与患者接触的医生也要尽量少。"马院长等院领导又指示感染科,"你们要根据具体情况,编排专人值班医生,具体负责一号病人。其他人尽量少接触、不接触病人……明白了?"

"感染科明白。"感染科主任张琴向院长报告说,"刘岩红医生主动要求过,她说她是第一个进入隔离病房的,所以由她一个人来负责接触一号病人……"

"真是好同志!"马院长一声感慨,又吩咐道,"科里要为刘医生当好后勤兵,决不能让她有丝毫危险。有任何情况及时向我报告。"

"好的!"

当张琴主任站在隔离病房门口时,正从病房内走出来的刘岩红医生向她做了一个"V"字手势。那一刻,张琴主任的鼻子酸了一下,立即回敬了刘岩红一个同样的"V"字手势。

下午,长宁区疾控中心人员又来到病房给"一号病人"进行鼻咽拭子、血液、痰液等采样。

"哎哟,你们怎么还要抽这抽那的?"患者已经非常不悦了,但尚能配合。可看得出,她的情绪出现了严重波动。

"为什么我家里人也要隔离呀?他们都不能来看我啊?这算什么事嘛!"她向刘岩红医生询问,显得很生气。

"没事没事。这也是为了他们好,生怕他们也会发热……"刘岩红医生尽量缓解她的烦躁心情。

16日下午,按照有关要求,又对"一号病人"进行肺泡灌洗液采样和流调,这是让病人很痛苦和难受的事。陈女士有些受不了,只是看到刘岩红医生进进出出的面上,强忍着没有当众"发怒"。然而她的烦躁情绪在升级,因为她的病房内又增加了几台设备——特级护理的吸氧和心电图仪器。还有,那些她不熟悉的"莫西沙星"注射液、磷酸奥司他韦胶囊、维生素C、宣肺止咳合剂、氨溴索片等等,总之一大堆……

"刘医生,我是不是病得很严重呀?会不会死啊?你跟我说实话，求求你了……"病人几次拉住刘岩红医生，流着眼泪问道。

"不会的不会的！都是正常的治疗流程……"刘岩红医生尽力解释，然而她心底也是没有谱。当时所有的医生与专家对"新冠病毒肺炎"的治疗还都没有把握。

或许，在整个疫情中，没有人更比那些确诊者更担忧与惧怕了，他们面对的是生与死的考验

"在病人第一次闹情绪时，我们马院长亲自到了她的病床前，告诉患者：你是比较幸运的，因为上海医疗条件这么好，况且现在市里领导都很关注你，所以不用紧张和担心……配合治疗非常重要，我们医院有信心，你自己应该更有信心。经过一番暖肠的交流，患者的情绪稳定了一些。"同仁医院医务科长顾志俭告诉我。

"但毕竟这是我们全上海第一个新冠病毒肺炎患者，别说我们医院，就是那些大专家们也没有遇到过这种病毒，到底如何治疗，治疗的结果如何，没有一个可以拍胸脯。"马骏院长回忆说，"我们从武汉那边听来的一些零零碎碎的患者情况，只知道这种病毒会让一个好端端的患者突然之间发生质的变化，今天可能蛮好的，明天就不行了！当时我们最担心的就是这个……"

1月17日下午4时，市卫健委组织中山医院呼吸科的宋元林教授和市第六人民医院感染科汤正好教授等专家，来到

同仁医院给"一号病人"会诊。这二位专家果然身手不凡，在详察患者的情况后，建议保持莫西沙星和奥司他韦的对症治疗，并在随访血常规和肺部CT之后，又建议加用莲花清瘟颗粒抗病毒治疗等，这种中西结合的治疗方法后来被推广到其他省市的新冠病毒肺炎患者的治疗之中。

这是一次医学技术上的"猎毒"行动。它对病人的生命至关重要。

这一天下来，病人的状况真的大有改观，同仁医院上下都很兴奋。不用说，上海市所有密切关注"一号病人"的医疗卫生和行政部门的人都仿佛看到了一丝曙光。这确实也太重要和关键了，因为那时候，国家还没有拿出一个完整的针对新冠病毒肺炎患者的治疗方案。如果有谁、哪个地方治愈一例患者，它的意义、它对抗击疫情带来的影响将有多大啊！

17日这一天的夜间，陈女士的体温恢复正常，乏力症状也逐渐减轻，虽仍有些咳嗽，但并没有加重。"刘医生，你这几天为我没日没夜地操心，看着我都心疼了。今天我舒服多了，你也歇歇吧！"第二天一早，陈女士醒来时，见医生刘岩红在帮她打扫和整理房间，便说。

"哎呀阿姨啊，你今天的脸色都好看多了！怎么样，蛮好吧？"刘岩红一看患者精神大变样，更加高兴。

"好！好！比前两天好多了！"陈女士说。

"阿姨运气好啊，我们上海一定要把你的病治好，你自己要放松，再放松，那样会好得更快些……"刘岩红告诉她。

陈女士确实在18日、19日两天中"放松"了，感觉没什么特别，以为自己"快好了"。可那狡猾的病毒完全不按常理"出牌"，就在你认为它已经退缩或远离时，它突然"冲"出来，将你拉到地狱门口……是死是活，看你的运气和意志了！当然，医生和医生后面强大的医疗资源——包括专家团队和支持这个团队的党和政府，会奋力拯救你的生命。

陈女士并没有逃脱新冠病毒"玩"的把戏。

1月20日晚上8点40分左右，近三天都"平安无事"的陈女士突然感到胸闷难忍。"刘……刘医生，我……我难受……难受……"

她拼命地呼喊，呼喊刘岩红医生。可她的嗓子感觉像塞了棉絮，呼吸也顿感困难……潜藏了几天的新冠病毒，开始发起进攻，这样的进攻通常让人类无法承受。许多病人的肺在此刻开始变得"白花花一片"……

现在轮到陈女士了！

"怎么啦！"隔离病房外的刘岩红医生这些日子时刻保持着高度警惕，当她听到里面的陈女士呼叫时，起身直奔其病榻前。她稍一看，便吓了一大跳！

"丁零——"

"丁零——"

医院内几个电话几乎同时响起。"不好，一号病人那里有紧急情况！"这是蒋利副院长的声音。本来，按治疗的方案，每天早晚一次，蒋副院长要带几个骨干专家给一号病人来查房会诊的。没有想到的是，在原定的九十点钟的查房会诊之前，刘岩红医生竟然提前发来"警报"，情况显然万分火急了！

"马上到隔离病房！"蒋利副院长一挥手，几个值班专家随他而动。那一刻，几位专家的步子就像"飞"一般……

"快快！快给她加氧！"蒋利副院长一进陈女士的病房，见她已经处在极度的呼吸困难之中：患者似乎在瞬间被一种什么东西攻击而出现严重的几近窒息的地步……

"加！再加！"几个医生已经有些手忙脚乱了，但仍然按蒋副院长的指挥步骤，全力配合，给患者陈女士进行高流量的增氧……

此刻的蒋副院长正全神贯注盯着患者陈女士身上，根本没去关注他的几位助手是什么表情。这时的隔离病房内能够听得到的声音，除给患者输氧的声音外，那就是他们几个医生的心跳声……

五分钟……十分钟……

十五分钟……二十分钟……

所有在场的医生全都屏住自己的呼吸，一分钟一分钟地盯着患者的面容变化……"我抢救过不少危重症病，可真还没有见过像抢救'一号病人'那样叫人心急如焚的！"刘岩红医生每每回忆当时的抢救现场,总会捂着胸口,这般说道。

"好了……好多了!"蒋副院长和其他医生看着患者慢慢缓解过来,一直到最后完全恢复常态。

"我活过来?"缓过劲的患者陈女士张开双眼,寻找到了刘岩红医生,忙问道。

"没事了!没事了!阿姨好了不起啊!"刘岩红说话时,两眼噙着泪光。

"谢谢你们啦医生……"陈女士哭了。

"好了好了!没事了!没事了!"这回真的是没事了,医生们纷纷祝贺患者陈女士。

胜利了!病毒退缩了!

"一号病人"的这场险情,让上海的医生和专家们也知道了这新冠病毒确实与以往的病毒不同,稍有大意,就可能夺去一条条生命啊!

自20日晚出现这场危机之后,从市委、市政府主要领导到同仁医院的医护人员,对"一号病人"的点滴变化,都时时刻刻挂在心上。

"我不想活了!我真不想活了呀——"值班医生刘岩红没有想到的是,脱险之后的陈女士,突然情绪再次崩溃,尤其听说自己的女婿因她而连续发烧不止,其女儿不停地来电话哭哭啼啼……

她又要搞错了:以为病毒真的走了。其实病毒还在她体内，只是在等待机会卷土重来。

"我害了他们一家！刘医生，你放我回家！放我回家吧啊！"病人疯一样地喊着刘医生，要她放自己出院。

"不行啊阿姨，你的病还没有好，我们不能让你回家的！"刘岩红耐心解释，可患者根本不听。"他们都在家里隔离，我为啥非要在你们这里住院呀？我要出院——"陈女士又哭又闹。

见出院不成，她又开始找茬："你们的饭菜我吃不了！我不喜欢吃……我不吃！不吃——！"她要绝食。

"我不抽血了！不抽——！"她甚至开始拒绝抽血。

"陈姐，你看你多么坚强！最困难的时候你都挺过来了……"马骏院长和蒋副院长等来到病房，他们和风细雨般地给陈女士做工作，告诉她女儿、女婿会有人安排和治疗的，上海市领导都在关心她和家人的健康情况。"你看，这是我们某某领导发来的短信，他也特别关心你的病情，希望你相信我们有能力治好你的病，也一定会安排好你女儿一家的。你不是想春节跟女儿一家团聚吗？那就让我们一起努力，争取节前出院怎么样！"

"啊？我能在春节前出院吗？"陈女士被这话激励了，转头问蒋利副院长。

蒋副院长笑笑："我们的院长都说有希望，现在全看你了！"陈女士的情绪得到了极大缓和，可又犯愁起来："我一点没胃口,那饭菜我实在吃不下……"

"嫌太甜、淡?"马骏院长似乎已意识到。

"刘医生,一会儿我们找一下营养科的谢主任,让他们跟食堂师傅讲一下,给这病号单独安排湖北口味的饮食……辣点!"

"哎哎,是我没上心好。陈阿姨你放心,明天一早我就可以给你送来面包和牛奶,还有你爱吃的辣子……"

"还有,一会儿我让行政科来给这房间里装台电视,让你看看好片子嘛!"

办完这些事后,陈女士的脸上开始绽放出笑容了,那大师傅专门为她做的"湖北味"饭菜也让她胃口大开。还有电视机里那又说又笑的节目,让陈女士跟着哈哈大笑起来……

"怎么样?阿姨今天感觉好些了吗?"21日晚上关灯前,刘岩红医生轻轻问患者陈女士。

"好。好不少了!"她回答说。

"太好了!祝阿姨今晚做个好梦……"

"谢谢。"

"晚安。"

"晚安。"

不要以为打针吃药、使用呼吸机、调查与切断传染源就是"猎毒",其实人性化的治疗、增强每个患者的体质,激发人类强大的免疫力战胜来犯之敌,也是重要的战术之一。

22日，陈女士能吃能睡，一切皆好。中午时分，刘岩红医生兴奋地告诉她："昨天给你采集的鼻咽拭子及痰液的检测结果都出来了，阿姨你知道什么情况吗？"

"啥情况？"陈女士紧张地问。

"都是阴性！"

"啊——这是不是说我的病转好呀？！"陈女士开心得在床上摆起双手来了！

"是、是，阿姨！这消息太好了！我们再坚持坚持，一鼓作气，把病给彻底踢走！"刘岩红也趁机鼓励道。

"嗯！一定听刘医生的！"

22日这天，上海市卫健委再次组织市级专家前来会诊，这回来的是瑞金医院影像科严福华教授、龙华医院ICU的陈主任以及中山医院呼吸科宋元林主任。三位专家经过一番会诊后，甚为乐观。"同仁医院对患者的治疗方案是有效的，根据现在的情况看，患者仍需要按原治疗方案继续巩固治疗。建议23日再做一次呼吸道采样病毒化验，如果也是阴性，我们认为可考虑出院。"

专家的会诊意见一出，别说患者有多欢欣，就是同仁医院上下也在悄悄地欢呼着——因为那个时候他们只能如此。"当时上海已经开始疫情严重起来，但'一号病人'的治疗效果确实让我们欢欣鼓舞！"马院长说。

1月23日，患者陈女士的身体状况比前一天更趋好转，基本恢复了平时的状况。

"阿姨,我告诉你一个振奋人心的特大喜讯:医院决定明天让你出院啦!"这一天晚上睡觉之前,刘岩红把这件事告知了陈女士。

"哎呀呀!我要哭了!我要哭了呀……呜呜……"陈女士真的哭了,甚至哭得双肩都在抖动。这一回她是喜极而泣。

"祝贺!祝贺!"24日晚饭之后,同仁医院5号楼内灯火辉煌,笑声不断。报社的记者、电视台的摄像,还有市、区相关方面的负责人都来了……

他们给已经痊愈的陈女士献花祝贺,场面感人至深。要知道,此刻的大上海正处在疫情大袭击的关键时刻。白天,全市抗击疫情总动员的"一级响应"刚刚宣布,一个几十年来从未有过的冷清的大年三十,此刻正在黄浦江两岸呈现,那是一种无法言喻的悲情。而就是在这样的情形下,上海市民在九点钟的"上海新闻"中看到了"一号病人"治愈出院的镜头,她含着热泪说了一句话:

"我谢谢上海!谢谢上海人民治好了我的病……让我能够回到家与亲人们一起团圆过年!"

啊,"一号病人"出院啦!这消息迅速在上海的2400万市民中传开,这是极其振奋的喜讯。

让潘浩他们这些在一线战斗的"猎毒者"们更加欣慰的是:陈女士这一支"毒流"基本阻断成功:她和她的一位亲

人虽然传染上了，但并没有传染到更多的人。

这是万幸。上海人特别感谢阻击"一号病人"的同仁医院，因为他们最早发现了"敌情"，并且采取了有效措施，使潘浩他们准确无误地"逮"到了受"一号病人"影响的其他人……

"一场疫情看起来，无边无际。但当你冷静下来，细细分析，发现它是有非常清晰的脉络……顺着这些脉络，可以筛出病毒传播的线路图。我们的工作就是顺藤摸瓜，一网打尽！"潘浩和他的团队是病毒最惧怕的对手，而他们的战斗力、警惕性决定着猎毒的成与败。

这样的结果将深刻影响一个城市，甚至一个国家，也可能对整个世界产生影响。

"其实在'一号病人'还没有出院的时候，上海已经有了'十万火急'的形势！尤其是我们猎毒战斗这一块，从1月19日、20日起，就完全进入了全线出击、全线叫急的状态，根本遏制不住从各个地方、各个关口——主要是医院发热门诊那里报来的病毒感染情况……"潘浩说。

"每天发热门诊的人数剧增，一天有几千人，累得全院人都扑上去人手都还不够。"同仁医院马院长说。

"就诊的人多，发热的比例也就高了，所以'敌情'的警报跟潮水一般巨涨……"潘浩说，他的团队属于市一级疾控中心,也就十几个人。平时一天能应对十个八个"报警"点就已经双脚飞着走了,"但春节前后那些日子,全市几十个医院每天总有几十个可疑报警电话,汇集到我们这儿不就爆了嘛!"

潘浩说,最初的"猎毒"行动是由他带队的市级流调队去做,后来根本来不及了,于是由他的团队带领区县疾控中心流调队员一起去完成。"重要的'敌人'还是由我们来完成。"他说。

"还分'重要敌人'和'重要战斗'?"我问。

"当然。有的'毒王'相当厉害,不仅引起我们专业部门重视,连市里领导都会关注和过问。因为影响太大,遏制不住就是全局问题。"

中国制度的优越性在此刻充分地体现出来了:有序的组织——从国家疾控中心,到省市自治区级的疾控中心,再到基层疾控中心的"猎毒"专业队伍迅速配备。"像上海后来全市上下共配备了几千名专业战斗队员,我们这些可敬可爱、勇敢无畏的流调队员们……"潘浩深情说道,"上海这回疫情控制得这么好,首先是市委、市政府按照习总书记和中央的指挥,决策做得好,再就是各条战线密切配合、同心协力,还有很重要的一条就是我们流调队伍过硬的战斗作风。没有这一点,绝对不会有现在这么好的局面。我一直愿意用上海跟纽约来比,就是因为我们阻击、防控病毒做得比他们不知好多少倍!"

这是毫无争议的事实。

俞晓,潘浩身边的年轻女"猎毒手",别看她是年轻的"90后",用她自己的话说,已是"猎毒"战场上的老兵了。

"我接的活是上海'二号病人',时间是1月18日晚上。那天是周日,我记得非常清楚,因为是接手的第一个疫情任务,所以每一个细节都能还原出来……"俞晓说。这一天她在家,下午五六点的时候,突然接到电话,让她马上到闵行区的中心医院去"逮"一个严重的可疑病人。

在疫情面前谁也不敢耽误。

"那个时候'一号病人'的检测报告送到北京后,还没有出结果,所以当第二号病人报上来的时候,我们也不知是不是'不明原因肺炎'。"俞晓与潘浩一起到中心医院后,了解到发热患者的病情,和医生核实相关初诊结果后,基本锁定了这位30多岁的丁某就是"确诊患者"。

"他的基本情况是:1月14、15日到了武汉,回来发烧,过了三天扛不住了,就来医院门诊。因为知道他去过武汉,所以我们当时十分敏感,也基本判定他确诊无疑了。"俞晓说。潘浩非常及时地调来丁某到医院的录像,进行现场排查、复盘。

"当时我特别关心的是丁某有没有可能传染到我们医院的医生护士,以及与他一起到医院来的其他就医者,这个时候他的传染性是最强的,医院又是公共场所……我必须首先猎杀此处的病毒流行源!"潘浩的职业敏感使他仅用了半个多小时,便圈定了密切接触者。

"马上要求相关人员14天的体温监测!"潘浩按照传染病防治的相关要求给医院方面下达命令,同时吩咐俞晓联系和通知其他密切接触者。

"猎毒"的范围似乎都在控制之中,哪知真实的情况并非如此。

林声是俞晓的队友,大她两岁,小伙子挺帅。就在俞晓和潘浩"逮"住"二号病人"的第二天,林声接受了上海"第三号病人"的流调任务。

19日那天,患者到了徐汇区的中山医院就诊。该区疾控中心当日晚上给市疾控中心来电,说这位姓刘的患者已经基本"认定"是"猎毒"对象。

"小林,人手实在抽不出来了!第三号病人的任务就交给你了!"潘浩急急忙忙地走在路上用手机给林声下达指令。

"行。我马上行动!"林声接到任务后立即与中山医院联系,得知刘某虽在徐汇区看病,但人住在离市中心比较远的嘉定。

"那个时候已经晚上10点多了。我就一个人开着车往嘉定走。到达目的地后,当地社区工作人员带我到了刘某住的院子。为了不惊扰其他居民,我就在楼道里穿起防护服,然后进了他家……"林声给我讲了此病人很特殊的情况：此人既没有去过武汉，也没有异常症状，就是"喉咙痛"。

"16日患者说去过一次医院，19日感到更不舒服，就上了中山医院。问他14天内有没有去过武汉，他说没有。问他有没有接触到从武汉回来的人，他想了想，也没有想出来。当时我在他家就嘱咐了他家人如何与他隔离等具体措施和要求，同时也要求区疾控中心将刘某赶紧送医院隔离治疗。但留下一个巨大隐患没有弄明白——到底谁传染给了刘某。于是我就到单位，查询刘某的个人信息，包括他的工作单位。这个时候，俞晓看到我接手的刘某个人信息，便大呼了起来……"林声说到这儿，指着坐在身边的俞晓说，"剩下的你给何作家说吧！"

俞晓接过林声的话，回忆说："其实也完全是巧合，或者也是一个必然吧！"年轻的猎毒者告诉我，他们流调队要把每一位患者的信息汇集到一起，然后大家共同分析，再做出详细判断，确定切断与追踪"毒源"的方案。

"当林声说到他接手的三号病人是某某单位员工时，我差点叫了出来，因为三号病人与我接手的二号病人同属一个单位！"俞晓说。

"这有什么值得你特别关注的呢？"我问。

"太值得了！"俞晓说，"因为二号病人他说了自己去过武汉，而且从武汉回来还去单位上了两次班呀！"

坏大了!

"可不是!此人的单位虽不大,200多人,还是个保密单位!其他的先不去说,如果他把这单位的人一传染,单位的人再往社会上那么一跑,那可就不知道上海有多少人被病毒击倒了!"

可不是!哪怎么办?

"急呀!急死人了!"俞晓说。她立即向潘浩请示,要求马上再到丁某的单位去一趟,进行全面的复盘,即对丁某两次上班和上班期间所有的行动轨迹做全面核察,最后再进行分析到底他与多少人密切接触过。

这得多少工作量!

"这个先不去说了!"俞晓说。她去后与丁某单位的领导和了解丁某两次上班情况的同事交流,在这个单位所有丁某出现过的地方进行了一次大复盘:重新演示丁某上班的全过程……

"可在这个过程中,我们发现三号病人与丁某并不在一个办公室,而是在斜对面的另一房间办公。那么他为什么就被传染上了呢?据此推理,与丁某同在这个大楼里的其他人会不会传染上了呢?我反复思考丁某工作时怎么进门、上楼到办公室,如何坐在位置上,上厕所时有没有跟人有交集,食堂吃饭又会与哪些人碰在一起……总而言之,得一个个细节全部弄清楚。我们这叫现场复盘,不能漏掉任何一个细微之处。"俞晓说。

"最后结果怎么样？"这是我关心的。

"最后终于明白了刘某怎么被传染上的……"俞晓说。刘与丁平时关系铁，虽然俩人在不同的办公室，但休息的时候，刘某与丁某俩人站在一起聊天了，这一聊就让病毒有了可乘之机。回头再一问躺在医院里的丁某与刘某，他们果真承认了。

"妙！这算猎毒完成了吧？"我为俞晓的努力细致的工作高兴。

"不，真正的战斗才开始。"俞晓的口吻让我悬起的心再度吊得高高的。

"既然刘某与丁某是'聊'出来的病毒，那么这个单位的其他人会不会也给传染上了呢？"俞晓说。

是啊，太有可能了！一座楼里工作，走来走去，谁能保证嘛！

"这个单位领导很配合，我说凡是跟丁某一个楼层办公的人全部实行居家隔离观察14天。其他人员也要注意把这些日子的个人体温报告给单位，以防可能出现的传染。他们后来真的这样做了。"

"发现'敌情'了吗？"

"发现了！奇怪的是这个患者不是在这个单位，也不在上海，而是在无锡……"俞晓说了一个让我的神经一下紧绷的情况。"是位女士，40来岁的工程师。无锡那边说那患者自己说没有与武汉那边的人有任何接触，只是前几天到过一次上海丁某单位。我们一听就紧张得很，因为一查，这个无锡的患者并没有与丁某、刘某接触过呀！那就意味着这个单位有另外的人传染上后，又将病毒传染到了无锡这女工程师身上……"

好家伙，这么复杂！

"那些天，我们给弄得惊心动魄，天天心惊肉跳。"俞晓长叹一声。

潘浩在旁边补充道：类似这样的病例，连市领导都会高度关注，因为它有可能造成的危害无法估量。

"还算好，最后我们通过对这个单位所有人的14天严密观察，做了比较大范围的监察，发现原来与丁某、刘某一个单位的上海第28号病人韩某，与无锡那个女工程师有过接触。"俞晓说。

"那——这28号病人又是谁传染他的呢？"我觉得还有一个"扣"没解开。

"你问得好！"俞晓笑了，回答道，"后来我们对他进行调查核实后发现，他跟有武汉旅行史的熟人朱某、高某接触过，病毒是从这两个人身上传染上的……"

原来如此。

"一个病例这么复杂啊？猎毒真不容易，比公安人员侦破案件还要惊险！"我不由感叹起来。

"我们可比公安人员破案要难多了！"

与市级流调队相比，基层流调队的工作要复杂、艰巨得多。上海市新闻办给了一篇"东方网"记者写的报道，里面这样描述基层"猎毒者"的工作现场——

深夜 22 时许，上海夜阑人静，但徐汇区疾控中心的疫情 24 小时值班室仍然灯火通明，徐汇疾控中心防疫计免科科员周祺作为"流调"小组值班人员，正在梳理手头资料。

"丁零零……"，一阵急促的电话铃声突然响起，周祺和组员们立即警觉起来，迅速拿起电话，另一头传来了焦急的声音："喂，徐汇区疾控中心吗？我院发热门诊发现疑似病例，请速来！""别急，我们马上派人处理。"在核实好详细信息之后，值班人员马上忙碌起来。向值班领导进行快速汇报后，周祺和组员们立即拿上了后勤部同事准备好的"流调"应急包，包含防护服、护目镜、手套、鞋套、口罩、调查表格、工作用的手机、密封袋等，立即驱车赶往指定地点，通过与疑似病例 1 个多小时的交谈，徐汇区疾控中心流调小组成员基本掌握该位患者的行动轨迹。凌晨 1 时许，回到单位后，他们迅速梳理相关情况；当天早晨 7 时，周祺准时递交了报告。从打响抗"疫"阻击战起，像这样的不眠之夜，对于周祺而言已然是"家常便饭"。据了解，从患者确诊后，流调小组必须在6小时内完成相关病例的流调报告，报告约8页纸，涉及100多个问题。"有时候多吃一个红绿灯，心里都像火烧一样。"周祺说。

100多个问题，涉及哪些内容呢？周祺举例称，比如患者什么时候开始发病？其间乘坐了哪些交通工具？和哪些人有过密切接触？有没有做防护？……"吃过的每一顿饭、坐过的每一个交通工具都要明确。"周祺说，"一份确保详尽的流调报告，必须形成一条完整的证据链，疑似患者在过去14天内每一个时间段的去向、行为都必须严丝合缝地卡在一起。这中间，哪怕仅有一个地点是模糊的，都很可能导致无辜的人暴露在未知的病毒风险中。"

"所有报告中每一项信息的精准，是我们必须也是唯一的坚守。"我完全相信这些"猎毒者"所说的话。但确实也存在许多问题，比如每个人的情况、性格、文化程度不同，怎么确定他所说的话全是真实的呢？或者他根本就记不得了又怎么办呢？

一线"猎毒者"真是吃尽了苦、累断了腿、磨破了嘴皮，但为了不让疫战中的一个病毒漏网，不停歇地在进行着艰难而曲折的"猎毒"行动……

"你还记得……吗？""我真的记不清了。""这事明明摆在这儿，你干吗不说嘛？""我凭什么告诉你？你是谁？警察还是法官？就是派出所、法院，我也没必要告诉你们……等我把病治好了再说！"

这样的事，每天都会遇到，都要耐心再耐心地化解……

"碰到最没办法的时候，他来个'我病着呢！没力气理你们'，你能怎么办呢？你还不能急，急了事情更不好处理。你只能耐着性子，把对方当朋友、当亲人，给他营造成好像平时聊天一样的感觉，这样就可能顺藤摸瓜、一点点把线索给抠了出来……"周祺他们坦言，面对有些病人的抗拒，他们必须理解对方，"毕竟人家身体上正在承受疾病带来的痛苦和不适，心理上又承受着巨大的未知恐惧。此时此刻，还要让他去回忆14天甚至更久以前的行动轨迹，一般人都可能会有些抗拒。即使不那么抗拒，大脑也可能出现一片混沌。我们要猎毒成功，耐力和意志必须兼备，前者有时比后者还重要。"

59岁的女性张某某，是上海"第123号病人"。这个来自宝山区的患者给潘浩的印象太深了。

"太深刻！因为她的病毒传染线路让我们找得太苦了！"潘浩说，这个"案子"本身就是一部"惊险片"——

张某某是家住宝山区的退休人员，平时与女儿住在一起。春节前，她带着女儿和"准女婿"到安徽蚌埠亲戚家喝喜酒去了。回来两天就发烧并被确诊，过一天后她的准女婿也被确诊。张某某发病之前，有一位家住黄浦区的25岁男子突然确诊，后来抢救无效，不幸去世。按说此男子年纪轻轻，不至于扛不住，但潘浩遗憾地告诉我：此人身体太胖，所以没扛住。他的话也给我们一个提醒：太胖，会影响免疫力，病毒更容易进攻你。这是上海死亡的5例患者中唯一一个年轻人。

我们再说这位潘姓的25岁男子，他是"第81号病人"。他的死，引起了潘浩他们的高度关注，调查结果显示，他既没去过武汉，也没同去过武汉的人有过接触，那么他怎么就被传染上了呢？而且没有救治过来……

"这是很可怕的一个现象。如果不查清，我们的'猎毒'战就出现了一次严重的失败。"潘浩说。

案情变得异常诡异。

"这个时候我们的确诊名单上已经有了'第123号病人'张某某的名字了。继而很快又有了'141号病人'汪某，这是位年轻的女教师，24岁。结果一查，该女子与25岁的'81号病人'有交集，他们一起在19日晚上吃过饭……"

"一起吃饭的还有谁？"我问。

"对。这个问题提得好。"潘浩说。"顺着这个线索，我们就找与'81号病人'和'141号病人'一起吃饭的是谁。结果找啊找，终于找到了，是一位同样很年轻的住在宝山区的健身教练。也就是在这个时候，我们发现这位健身教练也开始发烧，他比前面两个一起吃饭的'81号病人'和'141号病人'晚一点发病，估计是他的身体比较棒。但即便是健身教练，也没有逃脱病毒的袭击。这就让我们更加担心，这支病毒线上是不是有一个'毒王'啊？有'毒王'可是十分可怕的事情哟！"

案情越来越玄乎。

潘浩他们找到这位年轻的健身教练时，他已被确诊新冠病毒肺炎，同时发现他女朋友也被确诊。再逆向前查，我们顿时全然明白了：原来健身教练女朋友的母亲就是"123号"患者张某某。张某某带着女儿和准女婿（健身教练）春节前到了安徽亲戚家喝了喜酒。同时也搞明白了死亡的"81号病人"和"141号病人"的那顿饭，正是刚从安徽蚌埠回来的张某某的准女婿、那位健身教练请的。

"这么个脉络搞清后，真的让我们大喜！"潘浩高兴一阵后又说，"可问题马上又来了：到底是谁传染了张某某和她的女儿、准女婿呢？"

这三位患者被传染上新冠病毒也很复杂，他们都没有去过武汉，也未曾与去过武汉的人有所接触。但他们在得病之前去过很多地方，比如在上海市区菜市场买过东西，后来又因为到安徽蚌埠亲戚家喝喜酒，所以乘了高铁，中途在南京又下车过，之后又到了蚌埠……

会在上海市区就传染上吗？经市区两级疾控中心的"猎

毒者"们连夜分析，认为可能性不大。那么是在从上海到南京的高铁上传染上的？

"马上查一下那天那一趟从上海到南京的高铁上有没有疫情情报……"潘浩与队员们开始新一轮的排查。然而结果并没有找到，而且经过分析可能性不大。

那么在南京传染上的？再查。查张某某带着女儿和"准女婿"到南京的"路线图"，对一个个停留的场所进行排查……

不像。不像在南京传染上的。

可疑目标再次被排除。那就只有安徽方向，具体目标：蚌埠！"猎毒"队员们最后锁定目标。

"说对了！他们到蚌埠后被传染的可能性最大……"潘浩说，那天他们兴奋之余，立即询问张某某和她女儿、准女婿，让他们三人回忆是怎么去的安徽亲戚家、跟哪些人接触过、吃饭喝酒时坐在哪个桌子、坐在一起的还有谁，等等，足足有一二百个问题全被潘浩他们圈了出来。

网如此之大，可见"猎毒"任务何等艰巨！

然而如此大的网撒出去后，安徽方面调查的结果是：张某某一家来蚌埠喝喜酒接触过的人，没有一个人有过到武汉和与武汉相关人员密切接触的情况，他们中也没有发现一个患上新冠病毒肺炎的病人……

线索再度断了。

潘浩团队的"猎毒者"们陷入了工作的低谷。

"不行！必须把三人在安徽的所有活动轨迹查清楚，否则就不能确认我们的'猎毒'行动完成！"一时陷入绝路的潘浩和团友们无法平静片刻，他们必须重新理出头绪。

找！再找！查！再查！

"好像他到过健身房，那天没什么事时……"在聊天中，女儿不经意中透露了一件小事：她的恋人是健身教练，平时不忘每天健身运动一下，去蚌埠走亲戚也不会耽误。

"查！立即查当地哪个健身房有没有出过疫情！"这个线索太重要了！潘浩和队友们一听，简直就像在黑暗中寻找到了一丝光亮……

"有。我们这儿确实有个龙子湖区国祯广场元素健身房，前些日子出现了一例确诊者，我们一共确认了461位密切接触者啊……这事在我们这儿可是件大事！谁都知道的！"蚌埠那边来电说。

"是不是去的国祯广场元素健身房呀？"潘浩的团队立即与上海这三位病人核实。

"是的，是那个小区里的一个健身房……""159号病人"——准女婿点头确认了。

潘浩的团队简直高兴得快要欢呼起来。这个"案"一波三折，破得好曲折、好艰难呵！对传染病医学流调工作来说，追踪和调查清楚一个传染源并及时、彻底地切断它的扩散与传播，这才意味着可以画一个句号。

原来"猎毒"真的如此惊心。

采访当天，潘浩告诉我：到目前为止，上海此次疫情中有三四千名"疑似病患者"和三百多例确诊者。为何2400万人口的上海感染新冠病毒的人就这么少呢？就是因为这些患者背后，是一场场狼烟四起的"猎毒"战斗……因为展开了这样的一场场绝杀式的战斗，上海才保住了它在暴风雨中巍然屹立的伟大姿态。

这是一首特别值得讴歌的抗疫诗篇，它是看不见的"隐秘战线"上的特殊战斗。

潘浩和他的"猎毒者"们一次又一次庆贺战斗的胜利。

然而，到了2020年3月底，上海的"猎毒"战斗仍在继续，只是战线和对象同之前不太一样：这回，潘浩他们的任务将集中在猎杀境外输入的病毒……

战斗更加激烈！

3. 申城"诺亚方舟"

在惊天动地、黑云席卷之时,一个稳定、健康和勇敢的上海,它对中国、对世界是多么重要。大疫当前再次证明了这一点:

武汉危急,上海最先派出医疗队,援助"硬核"医疗设备;

境外输入成为武汉疫情之后国家面临的新考验时,上海的浦东、虹桥机场"双肩"挑起了筛查全国近六成入境者的重担;

紧急援助世界各国的关键时刻,上海24小时开足马力,通过"海""陆""空"将浩荡的物资发出……

这是我在上海感受到的疫战景象:它不曾有战鼓硝烟,处处紧张有序;它不曾凄切悲怆,而是激情壮怀;它不曾怨天喊地,只是囤仓固壁、挥汗苦干……将风暴雷闪,化为春风细雨。在这里,即便是在街头不见一个人影、2400万市民

"集体屏牢"的时刻，摩天大楼上的灯火与马路上的霓虹，无一不是照常闪耀；即便是高铁停运、车站设卡，黄浦江依然潮起潮落，奔流不息。

3月19日，我专程到了位于金山区的上海公共卫生临床中心。此地距离市区有60多公里，用上海话讲是"角角落里"了！然而这是保护大上海安全的真正的"诺亚方舟"。用通俗的话说，这里是生命的"最后防护墙"。此次新冠病毒肺炎患者除儿童外，绝大多数都被送到此地集中治疗。毫无疑问，这里是"最毒"的地方了！

家人和朋友知道我要去那里，一连好几次劝我别"傻"了，意思是千万不要到那个地方。可我约好要采访他们的主任，感觉那个叫"卢洪洲"的人蛮"牛"的，不那么容易约上。报告文学作家采访与战士打仗其实没什么差别，勇者必须上。这也是一种职业精神。

在乘车去上海公共卫生临床中心的路上，我的脑海里不时蹦出一句话：人活着就是一口气。

难道不是吗？听一线的医生讲：有时候，新冠肺炎危重症患者给医生留下的救治时间只有几十秒、几分钟……

这话什么意思？一位负责重症患者治疗的专家告诉我：在他们抢救危重患者时，发现新冠病毒异常狡猾，最初感染时跟普通流感并没有明显差异，但转眼间它会让你几乎窒息，肺部显影呈现出一片片白色……"所有的呼吸功能会失去，给患者切喉插管的抢救时间也就几十秒！"

这就是新冠病毒给人的生命所留下的时间。在此期间，最伟大的人莫过于那些让千千万万已经被病毒推向地狱之门的人死里逃生、重新回到幸福人间的医生和护士们，他们是死神的克星，是病毒的对手，是"生命方舟"上的水手与船长。

现在，我去的地方，正是那座让2400万人在疫情中感到安全的"申城诺亚方舟"——

"要去也一定要防护得特别严，不要乱摸乱坐……"家人吩咐了一万遍。然而当我到了"方舟"中心之后，这一切的心理防范，全被甩到脑后了——我们采访的公共卫生临床中心的"一把手"，根本连口罩都没有戴。

"我这里是最安全的！"他见我的第一句话就这么说。这让我大为惊愕：原来如此啊！

"我这里不安全的话，我咋治疗那么多患者？"卢洪洲果然是个不一般的人物！小我十岁、在全国医学界大名鼎鼎的他，用这样一句话解释了全部问题。

又一位"硬核"式人物！

上海的"一号病人"，是在1月15日被同仁医院确诊的。之所以能够在第一时间确诊并收治，与上海公共卫生系统平时的"警钟长鸣"密切相关。

"果断利索，井然有序。集中兵力，穷追猛打，干净彻底,在第一时间把病毒装进笼子,将它闷死在其中……这是我们上海对付传染病的一贯做法。"卢洪洲是上海公共卫生临床中心党委书记,又是全国新冠病毒肺炎医疗救治专家组成员。卢洪洲从2004年来到这艘占地500亩的"巨型方舟"上当"船长",顶尖的专业能力和丰富的经验,让他的表达有一种简洁干脆的风格,让人由衷地喜欢。

"这块地方,虽然只有500亩大小,与整个上海相比,就像沧海一叶,但它的使命重大,必须抵御每一次严重的疫情袭击。在这里,所有的战斗都没有退路,必须决一死战,直到胜利为止!"疫情中的卢洪洲,每句话都冒着硝烟味。

"距市区60公里远,就是为了让病毒和死亡远离市民,不让它们靠近每一个宝贵的生命。但从急性传染病的特性来讲,世界上任何一个地方暴发疫情,就像发生在自己家门口一样。你想想,现在的交通和信息都发达,再遥远的地方,也就是飞机一天的行程,病毒是以这样的速度来侵袭人类的。"卢洪洲进而解释,"而且一个病毒传染源,如果任其蔓延,危害极大。现在的新冠病毒,不正在疯狂地袭击整个世界吗?它的威力不容小觑。然而,如果我们有一座固若金汤的堡垒,可以抵御一个甚至多个超级病毒的袭击,就能保护好一个城市、一个国家,甚至对保护整个世界都能产生不可估量的作用。"

2003年的"非典",让中国亿万人经历了一场空前的恐慌与痛苦，疫情严重的北京在十万火急中建起了一座救命的"方舟"——小汤山医院，这才使疯狂的SARS病毒止步。而在武汉新冠病毒疫情最危急的时候，方舱医院发挥了影响整个疫情发展的积极作用。当意大利、日本、韩国、法国和美国等疫情难以控制时，中国的方舱经验再度被借鉴。

2003年"非典"疫情并未对上海造成灾难性影响，然而上海从上到下，"惊得不轻"。这一惊，让他们迅速做出了一件大事情：花巨资，打造一座"申城诺亚方舟"，确保在关键和紧急时刻，拯救这个城市——这就是在此次疫情中发挥着决定性作用的上海公共卫生临床中心。

"老船长"卢洪洲绘声绘色地给我介绍当年建造这座"方舟"的经过：那时上海市委和市政府英明决策，划拨10亿巨资，要求建造具有"超强的应急能力，超强的综合能力，超强的研究能力"的世界一流医学中心。该中心的定位十分明确：一座永久性的阻击和治疗传染病的堡垒，为保障上海乃至国家的生命安全提供服务。

"平时是一所三甲医院，抗击疫情时就是一座开足马力保护人民生命的安全岛——你称它是'申城诺亚方舟'，比喻恰当。"卢洪洲说。

"这里是'上海经验'或者说'上海方案'的集中体现。我们这艘'方舟'上拥有600张现代化的负压病床，还有同样数量的预备负压床位。"卢洪洲自豪地介绍，"上海人做事讲究未雨绸缪,在2004年设计这座'方舟'时,按照当时全球可能出现的新发传染病情况、需要隔离治疗的实际,我们做过一个预测,认为300张床位能够应对疫情,所以建了四栋负压病房。如果遇到300多张床位应付不了的疫情,我们就启动预留了600张床位的那片空地,确保在两个星期内迅速提供另外600张床位。实际上这次新冠病毒疫情,我们只启用了一期的327张床位,还有一栋楼没用上呢!"

瞧,"老船长"面对来势汹汹的疫情,胸有成竹!

"一旦突发疫情,上海采取的方案是:全市所有发热门诊是前哨,在前哨医院里发现的所有确诊患者,全部送到我们这儿。这样一方面让市民远离病毒源,另一方面我们集中全市最强的专家和医疗资源,尽一切力量抢救患者的生命,对他们进行康复治疗……"

"老船长"嘴里说的"上海方案"听起来并不复杂,然而却包罗了上海决策层、管理层、操作层团队的科学、智慧、精细。

"方舟"的厉害之处,还在于它的预警功能。"它平时像一部雷达,时刻警惕着城内和城市周边所有可能发生的病毒传染源,一旦发现,立即报警。当新冠病毒疫情来袭之时,这里启动了所有'机器',服务于整个城市的每一个战斗部署……"在"老船长"卢洪洲的眼里,新冠病毒就是千百种"来犯之敌"中的一种而已,"它虽然凶险狡猾,但我们决不畏惧它，而且有充分的信心战胜它！"

我当然知道卢洪洲的这份底气，来自他在各种恶性的、急性的传染病防治一线的几十年经验，更来自他身边的强大团队，如徐建国院士、张永振教授等牵头的病原体诊断与鉴定团队，朱同玉、陈立光教授等牵头的耐药细菌治疗团队，徐建青、张晓燕教授等牵头的传染病新型治疗技术研发团队，以及他和张建良教授等牵头的危重病症传染病救治团队……这是"方舟"的"杀手锏"。

现在是战时。新冠病毒已经兵临城下。

"一级响应——！"

"申城诺亚方舟"即时启动全市"联动联控"机制，110家医院的发热门诊，成了它的前哨，24小时运转，紧盯着每一个可疑的目标，一旦发现发热患者，立即"逮"住！确诊后，会被120救护车飞速送入全封闭的"方舟"上。而此时，由市卫健委牵头组织的全市最强的医疗专家团队，已经提前到达"方舟"的战斗岗位上……

这些专家，是根据此次新冠病毒重症、危重症患者的特点，从瑞金医院、仁济医院、第一人民医院、第六人民医院、第十人民医院五所知名医院中精心选调出的，共178名。他们携手"方舟"上原有的300多名专家和医生，组成五大专家治疗团队，驻扎在隔离病房的重症区和危重症区。这就是在行业内广为流传的上海"疫"战"五军会师"的佳话。他们的"帅将"是人们熟悉的华山医院感染科主任张文宏、瑞金医院急诊科主任毛恩强、中山医院呼吸科教授朱蕾、中山医院感染科主任胡必杰,还有"老船长"卢洪洲、朱同玉教授带领的"方舟"团队。

这是真正的上海疫战"梦之队"。

强大的"方舟"上,有如此一支强大的"梦之队"救治医疗团队,加之各区县、街道、社区完整的联防联控、群防群控体系……呵,大上海哟,你的对手——新冠病毒何处可逃?它们在作垂死挣扎,寻找那些患者的生命"突破口"。

卑鄙啊,猥獗而无耻的病毒!它在黑暗的隐蔽处,不停地叫嚷着:人活着不就是一口气吗?那就让你这口气喘不过来……新冠病毒极其狡猾,它给你许多麻痹和假象,"步步诱敌""各个击破"……怎么办?怎么办?

如此严峻的考验,摆在卢洪洲他们面前,放在上海的堡垒面前,看他们如何应对、如何制敌……

"我们是疫情的主战场,也是疫战的最后一道防线,面对强大而凶残的敌人,不能有丝毫的犹豫,射出子弹一定要快而准……"卢洪洲果真是位身经百战的"好猎手"!

怎么个"快"法?

2019年12月31日,中国疾控中心就武汉出现的"不明原因肺炎"对世卫组织发出预警,当日武汉疾控中心也对公众发布过预警。而在上海"方舟",第二天就按照传染病预警程序，迅速进入备战状态。

"为期两天的培训里，1000余名公卫中心的医生、护士、后勤、保安等人员全部到位，并在各自的岗位开始了实战预演……"卢洪洲说，"因为根据武汉传来的相关信息，不明原因肺炎的症状近似"非典"与中东呼吸综合征，所以我们的实战预演，就是按照应对这两种严重的急性呼吸道传染病进行。"

1月6日，"方舟"正式成立了针对"不明原因肺炎"的专项应急办公室。

"我们从不轻敌！"采访卢洪洲之前，办公室的小伙子给我了一大叠有关卢洪洲的学术成果，光各种获奖资料快拷满了一个U盘。

"此次疫情确实凶险，但我们没有丝毫的惊慌失措，相反一直沉着应对，步步为营，目标就是一个：最大限度地提高治愈率，尽最大努力降低病亡率，为全市人民的生命安全保驾护航！如果再加一句的话，那就是不能感染和牺牲一位医护人员。这是市委、市政府领导对我们的要求，也是我们自己的想法。"看得出，卢洪洲是个非常自信的人。

"基于我们团队的能力和与SARS、H1N1、H7N9等病毒斗争的经验，加上上海市联防联控、统一医疗资源的强大实力，面对疫情，我们没有害怕，更没有乱了阵脚，只是遵循阻击和治疗传染病的科学规律，稳准狠地与病毒展开激战，与死神作斗争，挽救一个又一个宝贵的生命……"论战局、讲战术，卢洪洲娓娓道来，环环相扣：

"当1月初我们注意到武汉的疫情后，立即取消了所有人的休假，全员投入应急状态，相关培训同步启动。

"1月20日，上海出现首例确诊病例后，我们马上把'方舟'的工作切换到应急迎战模式的一级响应，立即启动感染学科、重症学科、呼吸科等相关救治学科团队的大集结。

"就在这个时间段里，178名市级专家、首批500余名医护人员与陆续在各个发热门诊确诊的患者，几乎同时到达'方舟'之上……"

一场场与病毒抢夺生命的残酷战斗就这样展开，所有的表情皆写在每一个生命之上。

申城"诺亚方舟"上的战"疫"，紧张而激烈，大家自己的要求可是非同寻常：每一个进入"方舟"的患者，如果抢救和治疗上出现问题，一定要找到责任人！

"仗要打胜，也不是天天要板着脸。但到了上劲的时候，就得有杀气腾腾的气概，因为我们面对的是狡猾的病毒。一般患者发病头几天症状并不重，有的身体健壮的年轻人，根本没有什么感觉，而那些年岁大的人就吃不消了……但就是年岁大的人感染病毒后，有的最初也没有发热，或者仅有些低热，以为是普通感冒呢！此时如果不注意防范，还到处乱走，就很危险！"卢洪洲说，"送到我们'方舟'上来的患者，有的直接就送进了重症病房,你可能刚刚给他整理好房间,他就马上需要借助呼吸机、插管、体外膜肺氧合等救治!但是很多时候,那些患者住上两三天,看不出他跟一般的感冒症状有什么不同,好像觉得根本不会有啥事。但就在这个时候,潜伏在体内的可恶病毒,突然发起攻击,也许就是几分钟、十几分钟,就把一个好端端的生命拖进了地狱门口的黑洞洞里……那个时候,犹豫一分钟,病毒就把一个生命送到死神那里去了!"

"我们面对的就是这样的战场……"卢洪洲说得我后背发冷。

"你们如何应对?如何去拯救一个个生命?"我需要找出答案。

"全线出击,各就各位。专家领衔,承包到人。你的病人,是我的攻克课题;我的病人,是你保驾护航的对象……也就是说,我们在治疗患者时,既明确'包干',又集体'担保',这叫'双重保险'。"卢洪洲给我解释这一串颇有些绕舌的"上海经验",上海对新冠肺炎病人进行集中隔离治疗,"我们只在'方舟'一个堡垒里打'歼灭战''阻击战''总攻战',直到战胜病毒。所以我们的资源集中,集合全市的优秀专家、医护人员,战斗力最强,对病人实行'一人一案'的治疗措施,可谓有效歼灭、各个击破!"

"高级专家们遇到重大病例和疫情紧急关头时,都是在这个房间里研究讨论问题，最终形成决策方案。可以说，这里是我们的作战总指挥室。最关键的时刻，以张文宏为组长的高级专家团队，每天都要在这里集合开会，通常一开就是几个小时，甚至更长时间。遇到特别危重的病例，专家们半路被召回、半夜被叫起来、凌晨被拉到重症病房是常有的事。专家也不是在这里坐在椅子上动动嘴就行，要通过视频对病房的一线临床医生，直接进行指导。遇上患者伴有其他基础性疾病而病情加重，相关专家还需要一杆插到底，直到患者的病情见好为止……这个时候，不管是张文宏、胡必杰，还是我和朱同玉教授，统统都得像战场上冲锋的连营长，一边指挥官兵，一边自己也端上机枪去杀敌，杀病毒那个敌人！"

"听说你已经两个多月没回过家了？许多专家也在这里临时安家了？"

"是。第一个患者进来后，仗就没有停止过。我和朱同玉院长等原本就是'方舟'上的人，就不用说了，这里本来就是我们的'家'。一百多位各医院的专家大部分也都是在除夕前后，便开始驻扎此地，以病房为家……"卢洪洲说。可憎的"病毒"根本就没有留出时间让他们回家探望一下亲人、吃顿可口的饭菜。

"但这些又算得了什么呢？看到一个又一个生命从死神手里回到人间的幸福情景，都值了！"卢洪洲笑言。

其实，在全国战"疫"之中，冲锋在拯救生命最前线的专家、医生和护士们,还有多少?应是几千、几万,甚至几十万……他们虽然不像钟南山、李兰娟、张文宏那样被那么多人记住了名字,但对那些被拯救的患者而言,他们每一个人都是一座巍峨的高山,写在生命诗篇上的高山。

王鹤是"方舟"上重症病房的医生,2月6日一头扎进重症病区后,每天直面危重患者。那些徘徊在生命边缘的患者每时每刻的变化,绷得这位年轻医生的每一根神经都像上膛的子弹。"多数患者的病情变化真的太快了,你根本没时间去想其他事,就是死盯着,突然出现情况,你就要手忙脚乱好一阵子。两个月了,我在这里已经没有白天、黑夜的概念了,你问我今天星期几,我真说不上来。"这位女医生说。她参加工作以来,头一回碰到同时收治这么多重症患者的情况,"确实跟打仗一样,而且常常打得很残酷……"

残酷到什么份上?王鹤"唉"了一声后,仰头想了一下,开始讲述:记得进驻当晚,就有例从外院转来的确诊病例,那患者开始不咳嗽,也不胸闷,就是发烧了两三天。王鹤与同事们按照流程给患者先做了入院检查,结果一看影像、化验结果,惊得个个直冒冷汗:此人"苗头"不对啊!

"直接送重症病区!"王鹤他们将患者的情况向专家组一报告,治疗的意见立即下达。

"这个病毒变化太快,快到你无法想象,它会瞬间将两叶好端端的肺片完全变白……"王鹤补充形容,"跟切换电影镜头一样快！说急转直下，丝毫不夸张！"

又是一个病情"急转直下"的患者，时间是凌晨两点。

"快快！李欣医生，你们快过来帮忙——"已经连续作战十几个小时的中山医院心外科体外循环专家李欣医生刚想眯一会，一阵紧急呼叫将他惊醒。李欣医生立即带着两位同事，飞跑进重症病房，以读秒的速度给那位垂危的病人用上人工心肺机（ECMO）……十分钟、二十分钟……一小时、两小时，等患者的病情稳定时，东方已露晨曦。

"在重病房、危重病房，你必须24小时全神贯注，不得有丝毫马虎，可谓步步惊心，惊心步步！"胸科医院呼吸内科专家级医生陈宇清已经是第三次进驻"方舟"了，他坦言此次时间最长，"战斗打得最激烈！你在重症、危重病病房，才能真正体会到的什么叫'忘我'。不管是专家，还是医生、护士，大家都清楚：病房就是阵地，就是战场，守住它，便是我们这些人的责任，所以护士们平均每天只能睡三四个小时，医生平均五个小时左右，十天换防一次，不掉下五六斤肉的人少……"

"你们快来！快点来抢救——"有一个夜间，瑞金医院的一位医生斜坐在椅子上高喊了这样一句梦话，从此同事们见了他就喊"快点"。

"快点有啥不好？我喜欢'快点'！在这里不'快点'，就会丢命的！"这位医生很幽默又很严肃道。

"这里没有响亮的口号,只有与病毒死磕的夺命战壕!"刘继,"方舟"上唯一的麻醉医生,他是同济大学附属上海市肺科医院麻醉科主任医师,是国内率先在肺科医院开展无痛气管镜检查麻醉技术的资深麻醉专家。2月10日,战"疫"紧急时刻,他被征召到"方舟"上,负责危重病人切插之时的麻醉。这是一件异常危险的工作,然而刘继就是这样一连战斗了40多天。他这样理解自己的"战场表现":"麻醉是抢救重症患者生命过程中不可或缺的一个环节,一旦患者需要插管麻醉时,每一秒都是极其珍贵的,所以深知自己肩上的重任。在上阵时,你不可能有丝毫失误,虽然身穿防护服增加了麻醉的难度,但你必须确保自己的每一个动作和步骤百分之百成功,而且必须一步到位,因为病人的生命就在你的手指间和眼神里……"

"从死神那里把患者的命夺回来难,可要让他们的身体好起来,并且彻底摆脱危险的过程其实更难、更复杂。"卢洪洲坦言。他说,从新冠病毒肺炎疫情暴发以来,中外专家都注意到一个问题:新冠病毒肺炎除了会引发"细胞因子风暴",即瞬间对肺部进行毁灭性打击外,它还能以超级手段,攻击人的心脏、肾脏、肝脏等器官,造成人体多器官衰竭的危象。

"这很可怕。"卢洪洲说,"新冠病毒袭击人类是先快速摧毁你的肺部功能,之后又转向破坏你的胃肠功能、心肺功能等,所以给拯救生命和康复治疗,带来严重挑战。这是新冠病毒最可恶之处。"

"但它难不倒我们上海卫生系统!"卢洪洲自豪地告诉我。由上海专家组在实战中形成的"上海方案",凝聚了全市专家们高明的医术和丰富的经验,加之同步推进的药物临床试验,还有针对每一个病人的不同健康状况所实行的"一人一案"的个性化治疗方法,"使我们成功地实现了与病毒'死磕'到底的目标,即:让轻症不转为重症,重症不转为危重症,危重者保住性命……"

尽管今春风寒乍冷,但上海的阳光仍旧暖融。瞧,以为再不能与儿女团聚的84岁的章老,在走出"方舟"那一刻,竟然还不敢相信自己还能精神抖擞地去拥抱这个春天!7岁的小旺仔在重新扑向母亲怀抱的那一瞬间,幸福而天真地说:"妈,我在这里一点都不害怕,长了好几斤呢!"母亲搂着儿子,亲了又亲,道:"你要永远记住,是这里的医生护士们救了你的命!"

春光乍泄的4月初,上海"疫"战成果已经清楚地摆在了人们面前,作为一个超大型城市,它经受住了严重的疫情风暴,它以最小的代价,告慰了亲爱的人民和这座英雄城市。

"哈哈,胡老师火线入党了呀!好消息啊!"听说自己的老朋友胡必杰跟着党委书记卢洪洲在党旗下"宣誓",张文宏竟然高兴得手舞足蹈起来。

于是有人转过头来,问胡必杰教授,你当了三十多年

"名医",怎么这回想起来入党了?胡教授的脸上泛起一丝红晕,说:经过了一场疫情考验,觉得自己的人生方向更明确了……

明确啥?

明确了今后要更好地为人民服务,为这个城市服务。胡教授说完又指指前方:这会儿从境外输入的新患者又来了,我得赶过去!

远远地,我看着与胡教授一起赶过去的还有很多很多专家、医生和护士……

呵,申城"诺亚方舟"依然稳稳地、自信地、骄傲地挺立在这场前所未有的疫情风暴之中。

4. 青年"抗疫"近卫军

有些时候了,我们这些"过来人"很不相信新一代年轻人,特别是在我们看来仍是"孩子"的"80后""90后",甚至"00后",感觉他们似乎永远"长不大"。通过此次疫情,我们突然发现,原来冲锋在最前线、最能扛得住的人竟然都是些"80后""90后",甚至"00后"。这让我异常吃惊!

上海这座城市的"疫"战打得如此漂亮,很大程度上就是因为有一支百万人之多的"青年近卫军"。他们与病毒展开"肉搏式"的战斗——这样的战"疫"令人感叹。

现在,我站在黄浦江边。

在我的身后,是摩天大厦林立的陆家嘴国际金融区:632米高的上海中心大厦,金碧辉煌的金茂大厦,高耸入云的上海环球金融中心,和伸展着美丽小蛮腰的"东方明珠",将黄浦江东岸衬托得美轮美奂。

我知道，再过几天，就是当年邓小平所说的"手中王牌"——浦东开发开放三十周年纪念日（4月18日）。对一个青年来说，"三十而立"是件值得骄傲的事。然而对一个城市来说，"三十而立"，谈何容易！可是，大上海骄傲地告诉世人：他们的城市、他们的浦东真正做到了"三十而立"……

浦东能"三十而立"，让我想起了三十年前上海人都知道的"八百壮士过浦江"的传奇：那个时候，为了响应浦东开发开放的号召，上海从各单位征召了八百位立志在浦东这片热土干上一番惊天动地事业的干部、技术人员和普通群众。这"八百壮士"的平均年龄还不到三十岁，有近三分之一的人甚至刚刚走出校门。他们成功了！他们用热血与汗水，让一片曾经的水稻田和江边滩地，成为世界瞩目的现代化国际金融中心和美不胜收的大都市。

现在，我往前看，是中国最大的空中走廊——浦东国际机场。这个每年平均接待旅客近5000万人次的大机场，今天成了我国防控境外疫情输入的最前线和主战场。

令我意想不到的是：在这个抗疫烽火四起，每天都有数个、数十个境外病例出现的地方，如今有数以万计的抗疫"青年近卫军"，在为14亿祖国人民的安危而死守着祖国的"空中大门"。在这批穿着白色盔甲的青年勇士中，竟有许多人的父辈，就是当年建设浦东的"八百壮士"中的一员！

今天、此刻，我在浦东机场，又一次看到了这样的勇士和壮士。

停机坪上,转眼的工夫,降下数架从重点疫情国家飞来的客机,近千名旅客在机舱内等待出关前的检疫。那些搭乘了十几个小时飞机,尤其是经过多次转机才到达浦东机场的入境者,皆已疲倦不堪。驻守在机场的海关检疫人员再一次紧张起来,这些天里,飞机落地时,就有老人在机舱内休克,也有五六岁的孩子连哭的力气都没了,甚至还有妇女一下飞机就大出血……

"你们必须在两小时内完成已经降落的四个航班的登机检疫……人员不够?那就把准备下班的队伍再拉上来!五六个小时没休息,有的上了年纪的检疫队员吃不消了?那这样吧:我命令你,现在立即抽调三到四支队伍的青年检疫人员,马上投入登机'战斗',并且必须在晚上7点前完成检疫。你问为什么不多给点时间?告诉你吧:如果有时间我就不会直接命令你了!明白吗?7点以后,还有从德国、美国等地来的数个航班要进港……所以,你们必须立即组织青年检疫队员再去冲锋!"具体负责机场检疫指挥与调度的机场海关副关长王智峰这天有些急了,他的额上满是汗珠,因为机场每积压一个航班,机舱内的某一个发热患者或隐性患者就可能传染十个或更多的人……

时间就是生命,机场就是战场,自疫情发生以来,每一天浦东机场皆是如此。而3月初以来的境外疫情,更是让浦东机场这扇"空中国门"险情频出。

"全国人民每天都盯着我们这儿,我不让他们拼不行啊!"王智峰一边抹去额头的汗水,一边又操起电话开始新一轮的指挥与调度……

于是我们看到在一架架飞机舱口与候机楼相连的登机桥上,一组又一组身穿沉重防护服的海关检疫青年队员们,跑步登上飞机,开始紧张而有序地对所有入境者进行检疫与询问。

"你今天上了几趟飞机了?"

"有五六趟了吧!"

"没有休息过?"

"咋休息?穿了那么厚的防护服……"

"不喝不尿?"

"咋喝咋尿?"

"你……裤裆受得了吗?"

"受不了也得受啊!"小伙子回答得很直接。旁边的一位检疫员姑娘不好意思地示意他:"快走吧!别磨蹭了!"

"不好意思,还有一班登机检疫任务……"小伙子步履艰难地朝机舱方向挪动着。海关同志悄悄告诉我:估计他的尿不湿湿透了!

"没办法,人手不够呀!开始我们依靠机场自己的海关人员组成了17支青年突击检疫队。3月份以来,入境人员检疫任务一天比一天重,现在整个机场检疫突击队已经超过30支,清一色的年轻人。"上海海关关长高融昆介绍说,"不靠青年人不行啊,上岗的人全都得连续作战,一上岗就是十几个小时。你想想,一件防护服有效时间为4个小时,可我们的检疫突击队员一般要干满十来个小时,这中间是滴水不沾、粒米不进,也不能上厕所。这是一个上岗班次的基本任务。有的航班,一组队员上机检疫,得花两三个小时,甚至更长的时间……"

"为啥这么长时间?"

"入境者的情况复杂呀!我们要对每一个人前14天的行动轨迹做详细调查,了解清楚,而且必须做到不漏掉一个细节。要不是我们这些可爱的青年队员用身体的本钱挡着、顶着,能守得住这国门吗?"这些天,高关长每每讲起他的队员们,总会哽咽。

而我知道,这仅仅是守卫国门的第一道关口。

"出关"是第二道关口。这里又是入境者最为密集、程序最为繁琐之地。除了必须的防疫检查和"何地来""去何处""中间是否转车"等调查询问之外,还要按人分流,引入上海防控的"闭环"通道……因此,这里的一千位入境者,可能会生出一万个问题来。尤其是外籍入境者,简单的一个问题,就可能耽误半个小时、一个小时。

怎么回事?语言不通呵!

"立即启用支援机场和各社区、定点隔离地方的外语志愿者!"市区县团委和志愿者服务中心,全力开动。两天之内,两万多名青年志愿者报名,他们告别父母和恋人,放弃自己的"宅"生活,穿上防护"盔甲",甚至连多吃一碗方便面、画一下眉都没顾上,便来到了机场,来到了集中隔离点,或者社区的抗疫前线……

外办系统的翻译马荃负责日本方向来的客人。许多在上海工作的日企驻沪友人,都是为了公司的业务而归,有人绕道数国才抵达上海,旅途艰难,也有的是远嫁日本多年未回的老上海人。许多人从疫情重点国仓促辗转才到达浦东机场,难免满心疑虑。

"欢迎回家!到了就好!"马荃见了这些日本入境者,说出这样一句句暖心的话,"我看到许多人一听这话就热泪盈眶……"

"这样的话你一天要说多少遍呢?"

"至少500遍吧!"马荃的嗓子已经沙哑,但他仍然精神飒爽、满腔热情地对日籍客人说着"欢迎回家""到了就好"。

外贸系统的阿拉伯语翻译娟娟——她喜欢别人这样称呼自己,因为娟娟在机场的任务是协助那些正在办理入关手续的客人看管他们的小宝贝。

千万不要以为这活轻松。

"有一天从伊朗来的一家人带了四个孩子,最大的也就十来岁！这回好了，我就成了临时'孩子王'，那个折腾劲儿，好像比我整个童年玩得还奇葩得多哟！"娟娟说，"其实当'孩子王'很累，尤其是在机场，你还要时刻保护好他们不受意外传染……"

听完这样的"奇葩"故事，你想笑似乎又笑不出来。娟娟说，有一天她与另一位姑娘在入关口哄着三个孩子，结果阴差阳错，两个入境的外籍家庭领错了孩子，这下把娟娟和同事急得满航站楼寻找。等到两家的孩子"物归原主"时，娟娟她们累得坐在地上，好一阵子没起得来。

"这……这也叫战斗？"

"这叫'战疫铁人赛'！"

姑娘们自个儿笑得前俯后仰。

边检指挥中心里的民警小沈姑娘，是最近才加入到"守国门"的防控大军之中的。或许是因为她在原来的单位就是有名的"学霸"，所以被安排支援边检的核心团队——入境人员审查队。人称"最强大脑"的审查队，负责所有入境人员的情报分析工作，从某种意义上讲，这是排查风险、防控那些隐性危险传染源的特殊"战斗岗位"。

"一天要排查多少条线索和信息？"

"至少上万条吧！每一条都必须清晰，经核对没有差错后一一归零，否则就可能是一个风险口……"小沈说，有一天，她和同事对当日近4万条的入境旅客信息进行全量筛查时，无意间发现有一名旅客属于一个19人的旅行团,而这个旅行团有在疫情重点地区转机和停留的记录。"我们马上采取行动:一方面告知登机的检疫人员'逮'住这位入境者进行核实,同时迅速对他入境后所要去的地方进行相应的防护提醒、布置保障措施。漏掉一个细节,就可能留下极大隐患。我的岗位不能有半点马虎!"

那张青春的脸上洋溢着严肃而又骄傲的光芒。

转运站是第三道"大关",也是最忙碌、最累人的地方。除了要弄清楚每位入境者到什么地方、有多少行李、是一个人还是几个人,当然还要重新复核一遍个人的全部健康信息。有一个志愿者告诉我,他拉的一位从法国来的客人,光箱子就带了14个。"我给她搬上搬下就已经差不多累瘫了!最后她问我要多少小费,我回答说中国人不收小费,是全心全意为大家服务的。她不信,坚持要跟我'论理',结果光这个'理'说了有几十分钟。你想,我穿的是防护服,一动劲就出汗。等我把这位客人拉到集中隔离点,将她的行李全部放踏实,基本上就小半夜了!"

仅在虹桥和浦东两个机场,就各有二十多个转运点,除上海各区外,还有浙江、江苏、安徽、福建等省的转运点。

负责转运的司机也基本都是各单位抽调上来的年轻司机,他们的任务繁重,一般都是一天两班倒,每个班通常要走上六七趟。别小看这六七趟,每走一回,等于是一次小搬家。

再说客人都可能是"疑似病例",司机的心理压力和客人的心理压力,"绑"在这一辆车上,不知什么时候会冒出"火星"来。你得忍,保持笑脸和热情,这是"上面"的要求,也是上海的形象。这些青年司机们都特别"上海"——因为上海人是讲究"品质"的。

"我们不能让上海掉链子!"这是青年司机们对我说得比较多的一句话。

在此次"疫"战中有一支"特别行动队"——流调队。

流调队的工作确实非同寻常,且必须争分夺秒。

3月27日一上班,我就来到上海市疾病防控中心流调队部。接待我的是另一位小伙子,因为我比预约时间早到了十几分钟。

"不好意思,昨晚一宿没睡,我在赶个报告……"小伙子放下才咬了一口的面包,给我搬椅子坐。

"又是执行紧急任务去了?"

"是。昨夜快十点了,突然接到浦东那边来电,说有一个外籍入境者确诊了,我就'接单'去了。结果发现那人是西班牙的,我不懂西班牙语,所以折腾了一个多小时,搞完现场流调已经快凌晨两点了。然后奔回来就要赶报告,我们必须在两小时内把每一个确诊者和疑似者前14天的所有行动轨迹,形成完整报告公布到全国传染病信息网络上,所以必须要在第一时间完成。我现在正在写的是正式报告,也得在流调之后的24小时内递交给市卫健委……"

正在此时，我预约的采访对象——为上海抗疫立下汗马功劳的流调队"头儿"潘浩来到办公室。从他口中我才知道，这支为全上海2400多万市民"守大坝"的流调队伍，主力队员几乎都是"80后""90后"。潘浩从旁边的几个办公室叫来四名年轻队员，其中一位是女孩子。

"俞晓你先跟何老师说说。"潘浩对女孩说。

颇有几分泼辣的俞晓随即对我说，像她这样28岁的年龄，在流调队中算"老兵"了。"我们以前没有遇到过这般严重的疫情。我接到第一个任务是在1月18日，也是上海确诊的第二例病例。头一回我是跟着潘主任一起去的，明显主任是想让我练胆的。第二天我再想让主任或其他老同事带我的时候，就根本不可能了，因为在这之后的日子里，整个城市的确诊病例和疑似病例就像火山爆发，我们所有流调队员个个都是开足马力，还是忙不过来。"俞晓说到这儿，长叹了一声，"这种状态，一直持续到现在……"

"讲惊心动魄点的事！"潘浩在一旁督促她。

"这不正讲到第二例确诊者的事嘛！"俞晓接着说，"第二天，他——林声接的那个确诊者，竟然在流调时发现跟我接手的这一例有交集……"俞晓指指坐在她身边的小伙子继续说道。

"我流调的那例病人与俞姐的那例是一个单位的。""90

后"的林声补充了一句。

"这就说明我流调的第二例确诊者并没有把自己全部的生活轨迹如实告诉我们……这种情况是非常危险的，因为我们的任务是：搞清楚每一例病人是怎么发病的，跟谁有过接触，这是切断传染的关键所在！"

"怎么办呢？"我已经感到紧张了。

"我们调查每个病例都如同破案！调查像这样的病例，就是考验我们队员的能力和责任心了！"潘浩插话道，"让我骄傲的是，我的队员们虽年轻，但干活老练、精到，是真正的'猎毒者'！你别看她小女子一个，她下面的工作，一下把一个极其危险和重要的'毒源'给堵住了，并且切断了根！"

"当时我心头真的一惊，因为如果不把第二例确诊者在单位的行动轨迹弄清楚，有可能会形成影响全市的一大'毒源'！于是我立即联系了此人的单位领导和所在区的防控人员，汇集到现场，细细复盘了第二例确诊者两次来到单位工作的所有行动轨迹，同时做出周密分析，并迅速向该单位提出建议：凡有可能与此人有密切接触的人全部实施医学观察。这个单位领导也非常配合，马上通知相关人员进行隔离，并要求单位全体职工每天进行体温检测，结果后来排查出了两例确诊者……"俞晓接着说。

"俞晓的这一行动，听起来可能就是'截获'了两例确诊病例，但如果当时她没有及时去追踪和斩断这个'毒源'，恐怕再晚几天，这个单位就有可能成为一个十分可怕的传染源，其后果不堪设想！"潘浩用满意的眼光看了一下自己的女弟子。

"我这几个师弟比我厉害多了！"俞晓不好意思地指指身边的几位小伙子。

在我的要求下，第一个与我见面的小伙子韩若冰终于开腔了。他见怪不怪地说："我们是干这一行的，就得冲在疫情的最前面！我们要是迟缓一分钟，病毒就可能传染给一片人。如果我们行动稳、准、狠，病毒它再猖狂也得绕着道走！所以我们的工作影响和决定着整个疫情的发展脉络，绝不能有半点犹豫，更不能有一丝退缩和马虎……"

"你别看他名字叫'若冰'，可他的心每天都在燃烧。"潘浩又开始表扬了，"他的孩子刚出生没多久，疫情就暴发了，妻子又回了老家湖南，暂时无法返回上海，小孩全靠若冰父母帮着带。从1月15日投入战斗到现在，你回家过几次？"

"一次。"韩若冰低着头说。

"对的。可你接了多少'单子'？"潘浩说的"单子"，就是每个病例的流调任务。

韩若冰摇摇头："数不清！"

"确实都数不清了！"几位队员都在摇头，纷纷说，"我们现在脑子里只记得'昨天''今天'和'明天'，连几月几日都不知道了……"

"我只记得几号病人、几号疑似,其他啥都不记得了!"

听着这些用青春和生命守护上海的姑娘和小伙子们讲述自己在疫情中的"战斗经历",我觉得需要用几天几夜时间,需要用几万、几十万字,才能记录得完。

潘浩给我总结了一下:"到3月27日为止,全上海在此次疫情中确诊病例为300多例,疑似病例近4000例,这两个数字对我们流调队员来说,是背后十倍、百倍的工作量。我们全市这次投入流调的队员有数千人,可以骄傲地说,没有这支特殊的青年战斗队伍,就不可能有上海今天的战'疫'成果。我们的队员有时为了调查清楚一个病人的一条行动轨迹,可能就要打几十个甚至几百个电话。现场察看和复盘都必须亲自到场、反复核实,这才可能把各种蛛丝马迹的可疑情况全部摸清。"

疫情"猎毒者",可敬可畏,赤胆忠心!

我们再把目光转向那些冒着硝烟的战场前线——

束传江是黄浦区检察院的一名"90后"干警,他是第一批报名到机场援助的队员。"守国门我感觉很光荣。"束传江一开始以为无非是去当个"临时导游"一样的角色,"哪知道真去了才体会到守好国门的防疫战斗,时时惊心,步步动魄……"

"3月6日是我在机场顶岗的第一天。按照流程,入境人员经过前几道检验检疫程序后,护照上会被贴上不同颜色的标志。其中，黄色代表需要居家隔离观察，红色代表需要去隔离点集中隔离。而我的职责，就是跟车将以上两类入境人员送往目的地。说到这里大家也就明白了，我接触到的都是高风险人群，所以那天我人生中第一次穿上了防护服，从头到脚遮得严严实实。从早上8点半上岗到晚上8点半下班，一穿就是12个小时，真是闷得我透不过气来。"束传江说。

"我的第一趟行程是将三名旅客送往两个地方。一对来自意大利经转德国航班飞抵上海的中国籍母子，一名从日本回来的旅客，除了我全程随车外，另有公安民警驾驶警车随后，将他们送至各自居住的小区门口，由所属街道居委会工作人员进行登记后再居家隔离。4个小时后，我回到了机场，接待点已经积压了很多旅客。第二趟一共要送九人，有从国外回来的一家五口，还有几位日本人、韩国人。天色已晚，旅客们归心似箭，我的电话也不断响起，每个街道都希望我先把住在他们那里的人送到。中间不停地有人给我打电话，即使有一百个问题，我都得回答清楚，否则中间出一个小差错，那整个闭环防控就可能出现漏洞……当最后一个旅客成功交接，已是晚上9点。脱下防护服的那一刻，我简直有些发瘫的感觉，可转头一想，精神又来了！你问为何？不复杂：现在全国人民把守国门的大事交给了我们，作为一名青年，就要责无旁贷地把国门守牢，这是青春使然！这么高强度的工作，我们不干谁干？"

张晓燕是3月16日下午1点多被奉贤区派往集中隔离医学观察点的。作为社区卫生服务中心的一名年轻护士,"外来妹"张晓燕对自己能够加入上海的防控战斗队伍,特别激动。

与她一起"参战"的另一只"燕子"朱真燕,是张晓燕的好姐妹。双飞的"燕子"在接受了不到一天的消毒与采样培训后,于次日下午3时58分,被一辆120救护车拉到了定点隔离酒店。

"现在有一名密切接触者,需要你们马上对他进行采样检测!"天哪,张晓燕心头一惊:还未落定脚跟,任务就来了呀!

新冠病毒原来就这么近啊!

"走吧!"张晓燕叫上队友朱真燕,俩人揣着忐忑不安的心情,有些胆怯地敲响了1008号的房门。

啊,是位比自己还要年轻的留英学生!

"请你配合一下,我们来进行采样检测……"朱晓燕屏住呼吸说。

"为什么还要采样?是我同机的人有确诊者?我有没有危险呀?你们可要帮帮我……"留学生突然紧张起来,烦躁地在屋子里走动。

张晓燕一时不知如何是好,头脑"嗡"的一声。但她很快稳定情绪,耐心地向这位留学生解释一个又一个"为什么",并告诉他:回国了,就等于是回家了,一切都不会有问题的。

小伙子看着两位天使般的"姐姐",终于平静了下来。采样顺利结束。

"可就那半个多小时,我跟真燕从房间出来时,整个身子全湿透了……紧张的呀!"张晓燕笑谈自己的"初战"。

如今的她,俨然成为一名守护国门的"老兵"。

浦东新区的任务现在最重,从3月初以来,半个多月里接收的入境的隔离者就达8000多人,如今已抽调青年突击队员数千人,累计400多支队伍。他们平均年龄不到26岁,最小的只有十三四岁,奋战在援助机场的"战斗"中。

有一天,机场里那些入境者们拖着疲倦的身体走出海关口时,突然被眼前一群"白衣战士"吸引,他们身披画着雷神、超人、小猪佩奇等励志表情包的"战衣",进行各种精彩、有趣的即兴表演。入境者们紧张的心情顿时放松许多,甚至纷纷过来与这些"表情包"合影……原来这是浦东青年志愿者们为入境者专门设计的"减压"妙招。"别看一次上场三五个小时,感觉好像把一生的汗水都流光了似的……"小伙子们一边脱着防护服,一边无限感叹。

团委的干部告诉我,这仅仅是全区青年参加抗疫的一个缩影。"浦东是上海人口最多的一个区,既有国际金融中心,又有国际机场,同时还有自贸区、科技园区等,所以是上海防控前线中的'风口',任务极其艰巨。我们这儿真正的战斗，其实是在社区和一个个园区。社区和园区是疫情防控的'最后一站'，需要大量的'守门人'……当我们把招募志愿者的消息在青年中发布后，立即有一万多人报了名，其中很多是放假在家的大学生。"

确实如此，在社区采访时，我遇见过许多春节在家的大学生，他们自愿当起了"保卫家园"的抗疫战士。

在南苑小区的出入口，居民们突然发现有个穿红马甲的大学生志愿者，常常不分昼夜地在门口为大家测温、登记信息……于是一些伯伯婶婶便关切地问小伙子："孩子你累不累啊？一个人不好24小时连轴转的呀！"

"伯伯婶婶误会了！晚上值班的是我哥哥，我值白班，我们是双胞胎，轮流倒班……"在昆明理工大学上学的弟弟胡沅锦把"真相"告诉了居民，这个"美丽的误会"一下子在小区里传开了。胡沅锦和在上海交通职业技术学院上学的哥哥胡沅铮如今成了这个小区的"红人"。

朱蓉所在的岗位，和那些穿着白色防护服或红马甲的青年相比，少了点战"疫"的硝烟味。她穿着平时的工作服，干着几乎没有人看得到的活儿，然而她的工作非同寻常。只要瞧一瞧她身边有那么多大卡车来来往往，你就会知道朱蓉的"战场"有多紧张……

"我们是市卫健委系统的对外援助基地。每天干的活，就是把一箱箱医疗物资包装好，然后贴上我们的国旗，再把它们发送到世界各个疫情严重的国家……"朱蓉一边低头干着活,一边回答我的问题。

她的身前身后是堆积如山的医疗物资,都是从全市各个区和几十个部门汇集过来的。这些箱子,她都要重新包装,并端端正正地贴上一张五星红旗图案。

"从春节到现在,我们这里就没有停过活,而且货物一天比一天多,成倍地增加。进仓和出库的时间也大大缩短了,境外的疫情紧张得很,所以我们天天加班加点还来不及……累?累是肯定的,可我们再怎么着,也就是累一点,人家疫情重灾区,时间真的就是生命。如果我们的援助物资早一点到他们手里,那里的疫情就可能会控制得好得多!把外面的疫情控制好了,我们不也安全了嘛!"朱蓉直起腰时,额上全是汗水。

"我这不也是另一个战场嘛!"朱蓉颇为骄傲地拿起一面鲜红的国旗图案,将它认认真真地贴在箱子上。"每次贴我们的国旗时,我的内心就有一种神圣感,它让我感觉自己在代表祖国做善事、积大德……"

"每天你要打包多少物资,贴多少面五星红旗呀?"我问。

"没数过,但我们的过关单子上应该有记录。"朱蓉告诉我,春节以来,从她这儿发往境外的抗疫援助医疗物资已经送达五十多个国家和地区。"多给一个疫情危急的国家发一份援助物资,就等于我们家门口的疫情危险少了一分。我感觉自己的工作跟守在国门的防疫突击队员的工作,一样神圣和重要。"

朱蓉说得对。在今天的上海,为了阻击来自境外的疫情,各条战线上的青年"近卫军"相加,达百万人之多,他们正以自己的青春热血,为祖国谱写着一曲曲抗疫的高亢战歌——

……
同志们,到这儿来吧,
在同一旗帜下,
让我们同来建设,
劳动的新国家。
劳动做世界主人翁,
全世界人民把手拉。

啊,我在美丽的黄浦江边,仿佛又听到了这激越的《青年近卫军之歌》……

5. 那些飞奔的身影

上海,虹桥机场,浦东机场。一架架飞机,如银燕般飞来飞去。

往日,它们载着欢快与激动,在申城的上空自由翱翔,如春燕衔泥,总会引来无数地上的人儿仰望,目光流欢。而今,疫情中的它们,仿佛背负着许多沉重的包袱,当地上的人望见它们时,不由产生一些惊慌和担忧。于是,守护国门的卫士们——上海海关人员在2020年这个春天里,每时每刻都在追赶它们的身影。那是一场场惊心动魄的战斗,那是一首首精彩异常的战地诗篇……

"当!当——!"这是位于外滩的海关大楼上传出的钟声。它清脆又悦耳,如同这座拥有2400万人口的东方大都市的心脏一般;那怦然有力的跳动,象征着这座伟大城市的庄严与不可侵犯。

"当!当当——!"然而,当今春的新年钟声刚刚敲响,上海海关人员，成了保卫这个城市、这个国家的突击战斗队队员……

"全市战斗警报已经拉响，我们必须冲在最前头。现在我命令你们：迅速调集第一批援助成员，加强虹桥、浦东两个机场的关口执勤力量！"关长高融昆打这通电话的时候，是1月23日的晚上。后来他又特意加了一句："所有援助战斗员，明天晚上之前必须全部到岗！"

"啊，头儿，明天这个时候可是除夕之夜！"

"我知道。但就是这个时间！必须到岗！"高关长的话没留一丝余地。

"我去！"

"我报名！"

"好的，我马上在前面的车站下来，三小时内报到……"

这个夜晚，上海海关系统至少有上千通这样的电话在回荡。

也就是从那一刻起，如高融昆关长所说，"我的人再没有一刻放慢过脚步，每个人每天都在奔跑着工作……"那天，他带我到钟楼大厦的一层，站在那根"上海原点"的柱子前，难抑心中的激动道："我和关里的几位负责人几乎每天都是三点一线：家里出发，来到此处，再奔往关口一线指挥。这样的情况已经持续了七八十天，都快成常态化了……"

"这样的紧急动员已经不止一次了！3月6日晚上11点，

当国家调整境外防疫措施的通知下达后,浦东机场再度出现紧急状态,需要加强防控力量。在六七个小时内,机场关口需要几百名防控战斗员增援。怎么办呢?那时已经深更半夜了。可即便深更半夜也得行动,高关长下达了'死命令'。就这样,凌晨3点,我们就又召集了一支突击队。其中有一位上名单的关员,因为手机设置了静音,电话就是打不通,最后我们绕了十几个电话才找到他的邻居,请人家去敲开了他的门……"人事干部孙峻伟自己都笑了,"参加工作的时间也不短了,第一次遇上这样的紧急状态!"

从军13年的王慧峰,如今是上海口岸疫情防控现场指挥部的副总指挥长,一位每天出现在浦东机场第一线的"女将军"。虽然厚厚的白色防护服遮盖住了她的容貌,然而那个走路总是小跑步、边走边挥动手势的身影,不仅数以千计的防控战斗员熟悉她,而且那些下机、出关的旅客也能发现她的与众不同。

"欢迎到上海。欢迎回家!"

"好,请跟我来……"

这就是她,一个每天忙碌在关口一线的"女兵"——她更愿意别人这样称呼她。"13年的部队军医,20年的机场口岸检疫关员,都是守疆护门的兵。是兵,就该为祖国时刻准备冲锋。"王慧峰告诉我,守在这里的女性很多,别看她们平时柔柔弱弱、细声细气,但疫情来临时,个个异常"威猛",

扯着嗓门，甚至常常声音沙哑了，仍然在一次次重复着要说的和必须说的话。

关口就是"国门"，每天涌动着人潮。如何防控这般人潮中的疫情，用王慧峰的话说，"那就得让我们的身体向前靠，用眼睛去识别……"

那是大年三十的晚上，王慧峰与值班的几十个队友一起脱下防护服，消毒清洁后，她端起盒饭，向大家挥挥手："来，把盒饭拼在一起，用十分钟的时间完成这顿特殊的'年夜饭'吧！"

几十个盒饭凑到一起，拼出一个"门"字，有人在"门"中间放上了一面五星红旗……

"大家新年好——！"王慧峰没说完这五个字，声音已经哽咽。

"为了祖国——新年好！"队友们端起盒饭的动作，如同战士冲锋前端起钢枪的姿态……

王慧峰的眼泪掉了下来，她心里说：已经很久没有听到像军营里女兵的铿锵声了，现在她听到了！于是她三口两下地"消灭"了盒饭——所有的人也跟她一样，重新换上防护服。

"出发——！"王慧峰命令道。因为指挥中心来电说，又有一架从重点疫情国飞来的航班降落，机上已经发现有多名发热者。

"快！快快！"这是王慧峰的声音。随着她飞奔的脚步，一串"战斗命令"正在下达:"请数据组马上注意排查!登临小组准备出发!关口测温盯住重点!120救护车立即过来……对了,物资组要准备好食品,这趟航班的旅客已经飞了十几个小时,需要食物!"

"你们全部到位!我马上过去检查!"王慧峰的话越说越快,她的脚步随之越来越快,一直到飞奔起来……

这一夜,她和浦东机场值班的队友们一直战斗到凌晨3点半。当队友们一个个拖着疲倦不堪的身子回到清洁区脱下防护服时,王慧峰惊呆了:怎么全是女的?

是啊,你王关长带的兵呀!

"女兵"们哭了……她们边哭边唱着"女兵!女兵!"的歌,同时一起伸展双臂,迎接庚子年的大年初一。

"慧峰同志:根据当前复工潮的来临和公务航港的流量巨增,虹桥口岸的防控压力倍增。现在决定派你去那边担任关长,有什么困难吗?"

"没有。我马上去虹桥报到!"

2月24日,下了早班刚脱下防护服的王慧峰,接到上级的命令,便立即驱车从浦东机场赶到60公里外的虹桥机场。

疫情下的虹桥口岸,繁忙而紧张,除了民航班机,还有大量公务航班,而这些都需要新关长王慧峰带领"守门人"——防守,滴水不漏。

"王关长,你又不是铁人,该歇一班了!"同事不忍心他们的"新头儿"倒下,苦口婆心地劝说。

"倒不了,我当兵出身……"王慧峰总这样说。她的双脚依然在奔跑,直到每一天、每一班飞机检疫完毕,有人向她报告"任务无异常""今天一切正常"为止。

"王慧峰同志:根据当前境外输入疫情形势,浦东机场压力巨增,现在决定调你任市口岸疫情防控工作现场指挥部副总指挥长,马上到浦东机场报到!"

3月22日,在虹桥口岸奋战近一个月的王慧峰再度被调到防控境外疫情最严峻的浦东机场。

"我们现在需要的是全天候、全闭环、全心思的防控阻击战!同志们,准备好了吗?"

"准备好了!"

"好!出发——"队友们又见那熟悉的飞奔的身影。那身影是白色的,但在队友眼里,却如同一道彩虹,闪着奇异光芒,对来自八方的旅客来说是温暖与安心,对队友来说是榜样和力量……

"疫情不退!我们不撤!"那天,我在这个飞奔的身影后面,听到一声令我热血沸腾的誓言。

现在,我看到的是另一个飞奔的身影,那身影宛如一阵风、一团火。

她叫周银漪,看上去是个弱不禁风的"小女子",哪知岗位上的她如此风风火火——

"周科长,航班上发现有旅客出现干咳症状。"

"去过境外重点疫情地区吗?"周银漪"噌"地从座位上弹起,追问道,"快把情况说来!"

"有的,去过韩国。"

气氛陡然紧张。"作战室"内,"风"开始动……只见周银漪来回走了几步后,突然停下双脚,语气异常沉稳地说:"马上就地对该旅客进行重点排查,安排他及机上密切接触旅客与其他旅客分开下机,该走专用通道的走专用通道,该做流调的做流调。隔离其他旅客,确保与其他人不接触。要快!马上行动!"

"是!"

"对了,别慌张,要按流程做!"此刻的周银漪,就是前线阵地的一名"连长",指挥着队友左突右冲,抢占制高点。"我会马上派菲菲和小旭前去支援你们!"她对出发的队友说。

"明白!"

队友飞奔着离开了她。周银漪转身拨通了检疫处理单位的电话,将航班卫生处理事宜作了一番安排。

"什么?人手还不够?那——行吧,我去!"登临小组前来求援,周银漪左右一看,身边只剩下她一人,便站起身。

"哎哟——"她的腰椎和膝关节旧伤,如刀刺一般地竟然让她没能站立起来。

"没事,缓一缓就好。"她用双手支撑着挺起身子,额上的汗珠顿时滴下。"好些了,走吧!"这会儿,她的身影有些迟缓,有些沉重,但很快又如风一般……

作为科长的周银漪,是靠近最前线的基层指挥员,她需要每天统筹战斗现场的业务全局。于是她提出了防疫战斗的"五个提前":全体防控战斗员,要提前熟悉防控技术方案,要提前到岗开展准备工作,要提前备妥防疫物资,要提前明确当日分工,要提前准备工作表单。"有了这些'提前',我们的防控火力就会稳、准、狠!阻击就有把握!"周银漪轻柔的声音里,却透出不可抗拒的力量。

这个如风的身影,已经带领值机三科在"国门"最前线的风口上连续战斗了两个多月。似乎随着来势汹汹的境外疫情,周银漪他们的战斗也在变得常态化。

于是她和队友们一起唱响一首他们喜欢的《风》——

曾是冰火不经意的相撞
曾是白云飘动的力量
偶尔轻抚着惆怅的海洋
从来不停止变换着模样
从来没有停泊的地方
从来都不在乎是何路在前方
所有伤害所有痛被时光遗忘
不露痕迹不停歇地飞翔

我就是风在飞舞

……

现在我看到的飞奔着的身影是一个群体,而且他们有一个美丽的名字:虹帆。

由人称"大王"的虹桥机场海关旅检一科科长王荧带领的这支14人组成的"虹帆"队,从1月初进入关口到现在,已经在前线阵地上奋战了几十天。"你都看到了,每天就是从入口到出口大厅,再从测温台到流行病学调查室,然后再从总控室到收卡处,十几个人,轮番奔跑,这就是关口一线的冲锋……"王荧这样形容"虹帆"团队的战斗。

"虹帆"的战斗员并不都是年轻人。程士松、刘贺生都是临近退休的老同志了,但他们每天仍然要审核近5000份旅客健康申明卡。"双腿肯定是飞不起来了,但手头的活儿还得快马加鞭……"程士松说。

"细心的活儿你们担着,动腿的事我们来办!""虹帆"凝聚的就是一种团队精神。瞧:发挥语言专长主动翻译和解释政策的邱瑾瑜、江琛,兼职负责防护用品发放、回收、洗消的"大管家"沈雪,废寝忘食、采集和整理大量数据的郑维,时刻准备顶岗的巡查关员殷疆……

"大王,只要你发话,纵然有千难万险,我们冲——!"队员们的话常常让王荧感动得热泪盈眶。

1月下旬,一名从武汉途经上海虹桥至境外的外籍旅客,在境外被确诊为新冠肺炎。一时间海关的管理受到质疑。然而监控显示,当天13时许,那名外籍旅客在进入虹桥机场海关出境测温通道时,冷不丁地做了个侧身通过的反常举动……他是咋啦?当班值守的旅检一科青年关员王丛昀觉得不对劲,于是飞奔过去拦截了这名旅客:"我们要复查下你的体温,请配合!"那旅客愣了一下,最后无奈地说了声"OK"。该名旅客按要求测得体温36.5度,无发热情况,遂被放行。正是王丛昀的这次飞奔拦截,化解了相关疑问,展现出海关守护者的责任和担当。

3月10日,王荧接到前方关员的报告,发现一名从香港入境虹桥的中国籍旅客填写的电子健康卡报警。

"马上复查!"王荧和队友王丛昀随即对这名旅客进行健康检测和流行病学调查,结果并未发现异常。王荧和王丛昀并没有因此放松警惕,俩人当即重新分析,该旅客从纽约(当时未列入高风险疫区名录)始发,目前虽无症状,但他经历了近24小时的密闭空间中的旅程,其间很可能有疫情接触史。再说这名旅客境内的目的地是辽宁,如果携带病毒在境内长途远行,后果十分可怕。于是王荧和王丛昀"盯死"这位旅客,对其进行咽拭子采样,结果经卫生部门验证,该名旅客新冠病毒检测结果为阳性,成为虹桥机场海关发现的首例输入性病例。

阻击旗开得胜。王荧和"虹帆"队员们激情澎湃,斗志更加昂扬。从上海进入"一级响应"的1月24日至3月底,他们科累计验放出入境旅客5万余人次,进行航空器卫生检疫近百架次,现场流行病学调查和跟踪可疑对象数以千计,无一例感染者从他们的眼皮底下"溜"进上海。

这需要怎样的火眼金睛?这需要怎样的风火神速?"虹帆"队员们指指写在防护服上的三句话:身边是战友,身后是祖国,胸前是战场。他们庄严地告诉我:你飞奔着冲锋陷阵,病毒还能躲藏在何处?

是的,我问高融昆关长:当所有入境人员全部实行闭环式管理后,你的那些海关防控人员将如何再现"飞奔身影"?他笑了,说:"我领你去看另一个战场……"

这个战场由一个漂亮而矫健的身影"指挥",她叫杨玉宇,上海海关综合处处长。

开始我以为"综合处"就是机关内部单位,杨玉宇瞪着一双美丽的眼睛叫了起来:"哎哟妈呀,我这可冤枉得紧!"原来,疫情暴发以来,她的这个处完全变了样儿:"关长给我们下达的任务是,必须确保战时进出口物资每时每刻畅通无阻,而且要做到神速奇迹!"

"你这儿哪是一件件进出口的货物嘛,是千千万万的生命呵!"高融昆关长第一次赶到杨玉宇的物资通关"战斗指挥部"时,就这样说。

"以往我们这个部门也只管家门,疫情初发期,是负责往城门运进口医疗物资,3月初以来完全是走出国门的援助物资通关战啊……这三波潮流，快压瘫我这小女子了！"杨玉宇果真是个英姿飒爽的女干将，说风是风，呼雨是雨。难以想象，这位关号为"2214980"的小女子，在过去的近三个月中，带领着30多人的团队，一直在指挥和协调着外贸战线的千军万马，承担了战"疫"时期医疗物资的主要通关任务！仅两个数字就足以证明她和队友们是何等的忙碌：至2月10日，经他们手的进口物资16000多批次；2月10日至3月底，出口援助医疗物资6000批次……一个批次是什么概念？它绝不是一个箱、一个包，至少是一个集装箱，或者十个集装箱，甚至几百、几千个集装箱……

"我们虽不穿白色防护服，但我们仍然是硝烟里冲锋的战士……"杨玉宇这样形容她和团队成员们的工作，"常常觉得就是飞着走也来不及呀！"说话时，她那双美丽的眼睛总在扑闪着。

"上海海关吗？明天国家要派一队专家援助意大利，走包机。随机要带一批援助医疗物资，请你们协助办理这批物资的调集和出关手续……包机明天傍晚5点准时起飞！"3月11日晚9时许，杨玉宇代表上海海关接到红十字会来电。

"给出的时间一共还不到20个小时！这怎么弄呀？当时真不知所措。但一想：这是我们国家在帮助友好国家抢救那里的人命啊，就是拼也得把所有物资按时装到包机上嘛！"杨玉宇说她和团队成员们接到这一任务之后，每一分钟都是掐着时间在干，"你说我们是飞奔着在干活一点不夸张！"

是的，你不"飞奔"是不可能的：700余件不同物资单、230余箱重31吨的东西需要从几十个不同地址的仓库陆续调配出来，再运往出口通关地……过程中只要有一处耽误和延迟都可能影响到援助包机的起飞，所以杨玉宇团队的每个人必须确保所有从仓库调运出来的货车能够不出任何差错，并在行驶途中安全、准时。

通关首先需要填报，而通常的填报没有三两天不可能完成，但现在已经没有时间了，他们只能把人"放飞"出去，趁着深夜至凌晨的三四个小时，串联所有发货地，在第二天早上之前把所有报关手续、物资清单和通关流程提前做完。

当阳光将浦东机场的轮廓照亮时，杨玉宇的团队成员们已经站在关口迎接从四面八方来的一车车物资……

12点20分，第一批医疗防护用品完成海关申报，并迅速装机；

14点50分，第二批ICU病房设备完成海关申报，并迅速装机；

最后一批货物16点04分办结通关手续，又用20分钟时间把货物装进包机……

包机按照原计划，在17点准时从浦东机场起飞。

"当我们看到9名援助意大利的专家走上飞机，机舱关闭，飞机腾空而起时，我们真的热泪盈眶……这不到20小时的时间里，我们没耽误一分钟，也没余出一分钟，就是在打仗!"杨玉宇如此说。

3月14日晚,杨玉宇团队再次接到阿里巴巴公益基金会向国外捐赠的100万个口罩及20万份新冠肺炎检测试剂盒调集与出关的任务。

"时间依然紧迫,不到两天要完成。但这一次的难度在于,这批捐赠物资来自四个城市,最远的是广州。这就需要我们与四地海关实现'零延时'交接和通力协作。那就是一场接力战,每一棒、每个环节都得环环扣紧,不出任何差错……最后我们成功了!"杨玉宇说,"飞机起飞前的一个多小时里,我的一只手几乎一直按在胸口,怕货物不能按时到位。直到机场值班的关员告诉我'起飞了'三个字时,我才长长地呼了一口气……"

"杨玉宇,你在干吗?又来急活了!快过来吧!"正在说话时,有人这样招呼杨玉宇。她抱歉地向我拱手,随后飞奔着回到了她的岗位。

"怎么样?见到我的人了吗?"此刻,我听到身后有人在问。哟,是高融昆关长。

我由衷地感叹了一声,说:"你的人都'飞'走了……"

他笑了,说:"是的,疫情以来,他们每天随'机'而'飞','飞'得惊心动魄,'飞'得精彩纷呈。"

这一刻,我仰望上海的天空,看到银燕穿梭,它们的身边是一道道彩虹……

6. "地球村"阻击战

"各部门请注意,请注意:现在有来自意大利和伊朗的两个航班马上要进站……"

"明白!""明白!"

"地面请准备,请准备:17点至18点间,将有从美国、韩国和新加坡飞来的航班落地入境,望你们做好入境旅客的接站和相关安置工作……"

"好的,上海已经准备完毕!"

"江苏准备完毕!"

"浙江准备完毕!"

"安徽准备完毕……"

这是3月初以来,在上海浦东和虹桥两大国际机场内,几乎每隔几十分钟就要出现的紧张而有序的一幕。

"现在我们就是战'疫'的最前线,虹桥、浦东两个机场每天承接的来自重点疫情国家的航班就达数十架次,人数最多时达上万人。现在这些就有好几千人次！"机场内，穿着防护服的上海海关防疫人员一边气喘吁吁地在"特别廊桥"上奔跑，一边翻着"地勤日志"介绍说。

"想一想也够惊心动魄的：本来我们上海到了2月下旬就已经连续好多天'零新增'确诊病例了，哪想到2月26日宁夏发现了1例自伊朗输入的新冠肺炎确诊病例，患者的活动轨迹涉及上海多个场所；患者在沪的时间又长，涉及86名密切接触者，我们都得立即对这些人进行医学观察和集中隔离……"上海市疾控中心应急管理处负责人黄晓燕说，"也正是第一个境外输入病例的出现，把上海一下推到了国家防控境外输入疫情的最前线。要知道，浦东和虹桥两个机场，每年光入境旅客就达8000万人次，是名副其实的中国重要的'空中国门'！"

"才十多天时间，我国疫情最大的威胁变成境外输入。从疫情重点国家每天飞到我们浦东和虹桥机场的人就成千上万哪！"黄晓燕把眼睛瞪得大大的，说着地道的上海话，"阿拉勿是吓人，确确实实现在外国疫情蛮结棍（厉害）！"

"但是侬代阿拉告诉全国人民：放心好了！阿拉上海保证为大家守牢国门！"

自3月初以来，笔者一直在"空中国门"前沿采访，所见所闻，让我深切感受到这位上海老乡说的话是可信的。因为——

一

"机舱战""航站战""转运战"……每一位入境者必经的数十道"关口",关关都是防止境外疫情"倒灌"的"闭环"阻击战。上海人民用自己的精气神,垒筑出一道严丝合缝的钢铁长城。所以,我们可以有"惊",但更可以放心。

国际疫情的哨声从何时开始响起?似乎我们都有些愣神,因为我们为了抵御国内疫情的暴风骤雨拼尽了全力。然而,在抗击国内疫情的战斗中打了一场漂亮仗的上海,还未来得及喘口气,境外疫情却一天比一天吃紧。开始是韩国,后来是日本,再是伊朗,而意大利的疫情更是严重,如今疫情已蔓延到全球多个国家,且暂无缓减之态……

作为中国开放程度最高的国际性大城市,上海的浦东、虹桥两个机场的境外客流量占全国境外客流量的60%以上。资料表明,平时,这两大机场每日入境人数在3万左右。即使在疫情已经非常严重的3月初,每日境外来客仍然保持在万人左右。能不能守住上海的"空中国门",是新一轮战"疫"成败的关键所在。

进入3月后,上海防控疫情的任务与此前大不相同。武汉"封城"之后,全国各地陆续停课、停工,对疫情的防控都做得很到位,上海的疫情防控工作相对集中。然而,境外疫情暴发之后，上海的疫情防控工作完全是另一种势态：那些身在疫情严重国家的中国人，那些本来就对祖国怀有深情的华侨，那些曾经对中国感情深厚或者相信中国的外国人，都渴望回到相对安全的中国……如此这般，飞向中国，飞向上海的人流，如滚滚洪流，势不可挡。

看一看浦东机场、虹桥机场里那些惊慌的人们，那些匆忙而来的各种肤色的入境者，那些急促地想在上海落脚的男男女女——他们在焦急地询问：这里真的安全吗？这里真的可以成为保护我们生命的港湾吗？

上海必须回答。"在我们面前只有一条路：严防死守到底，绝不出现一例漏洞！"上海人发出庄严誓言，这誓言撼动黄浦江两岸。——这就是上海！

当从韩国大邱市来到浦东的崔先生在飞机落地后的第一时间，听到中国防疫人员进机舱对大家的问候时，心情十分激动。

"请问先生您是从何处来？来之前到过何处？在上海干什么？"

"我……我是韩国人，但我是回家来的！我孩子十几岁了，是在上海出生的，我和夫人都在上海工作十几年了！"崔先生用熟练的中文说道。

"好。我们先给您测体温，然后请您填写入境信息卡……"这是入境后，身穿防护服的机场海关防控人员向崔先生等机上乘客提出的几条要求。接着，在检查乘客的护照及询问登机前几天的"活动轨迹"之后，根据不同国家的疫情及到达中国之前的活动情况，在其护照上标贴"红""黄""绿"不同标志。飞机落地，入境者第一眼看到的人同以往不一样：他们是6人一组或者是8人一组、穿着厚厚白色防护服、写着"中国海关防疫"标志的防控人员。他们的任务是掌握乘客的活动信息："来自何处？""来中国之前去过何处？""准备去何处？""去何处会待多少时间？"然后检查乘客的护照，测量体温，询问近期有无发热、是否吃过什么药……有一句话是前提：必须提供准确的、负责任的信息，一旦发现谎报瞒报，将根据《中华人民共和国传染病防治法》和《中华人民共和国国境卫生检疫法》等法律法规追究相关法律责任。

啊，这可不是闹着玩的。

然而机舱内的第一道"关口"就很复杂。有人积极配合，有人怒目而视，有人牢骚怨言冲天。防疫人员安抚大家："请安静，也请平复情绪，我们在执行防疫任务，这是必须的，对你、对大家负责。请协助我们。"

"我们已经在飞机上十几个小时了！又饿又憋，快受不了啦！"入境者说的也是实话。

"完全理解你们的情况。我们会尽力加快检疫，也请大家积极配合。因为我们不能漏掉任何一个人的健康检查和他的活动轨迹，专业上叫流行病学调查……我们必须对每位旅客负责。"防疫人员一边耐心解释，一边汗流浃背地继续为一个个入境者测量体温，登记相关信息。

一个机舱，少的时候是一百多人，有时达两百多人！有时很顺利，没有一个发热的，有时会测出一两个或者三四个发热者……呵，这样情况就严重了！机舱内会喧哗起来，气氛突然紧张，甚至有人抢着想离开机舱。

"不行！必须让发热者先下飞机，否则可能传染更多人……"此刻，防疫人员必须当机立断，镇定地指挥现场。

接着，整个机场紧张起来：事先停在机舱外的120救护车打开后门，四五位全副武装的医生、海关人员、公安人员立即护送发热者从机舱内快速下来，直接进入救护车……

这样的事、这样的情形，3月10日以后，在浦东机场、虹桥机场的停机坪上，常常重复上演。

"持绿色标志护照者请从绿色通道直接下飞机……"

"持红色标志护照的请跟随医生走特别廊桥通道，你们需要马上隔离治疗，各位请放心，我们上海有最好的治疗环境和医生……"

"凡持黄色标志护照的旅客，请跟我走……对对，崔先生您也跟我们一起走。"另一组机场地勤防控人员高高地举着指引牌，走在旅客前面。

"好的好的。"崔先生快步跟上，又问，"我的行李怎么办？"

"放心，会有人帮您把行李送上您要上的车子，而且所有行李已经有人在消毒了。"

"太周到了！"崔先生边鞠躬致谢边随队伍移动。

"请走这边。大家排好两队，相隔两米左右……"引导人员边做手势边示范道。

崔先生与一同出来的"黄牌"旅客自觉地排着队往前走，大家相视一笑，用这种方式表达此时的"特殊感觉"。

"请崔先生上车，您是往浦东新区的，请上浦东接站的专车……"走出与外界隔离的专门通道，崔先生被送到停车站。呵，他可见识到了：大大的停车场里，所有的接站人员前面都有一个牌子，上面醒目地写着"上海""江苏""浙江"等等，而在"上海"的大牌之下，还有16块不同区县的接站牌子。每块牌子之间都相距一二十米，足以让人放宽心。

崔先生走到"浦东新区"接站车前，工作人员确认了他的名字、目的地，查验了他的健康卡并测量体温。上车前，他看到自己的三只行李箱同时被搬上了车子。

"请各位坐好，现在我们开车了。"车轮滚动，向浦东新区某酒店行进。在四十多分钟的路途上，崔先生回忆了一下自己出机场的整个过程：过了该有十多道"关口"吧？他的那颗悬在半空的心安定了"一半"。其实，他了解的还不是全部：那些来自非重点疫情国家的旅客在出关时，同样需要经过边防海关、航站楼和机场转运中心三道严格的检查程序……

"到了,崔先生,您是碧云国际社区的,现在请乘坐社区的转运专车回家……"现在来接崔先生的是另外两位防控人员,他们来自社区。

自然,他们又请崔先生报出自己的名字,然后进行健康扫码和测体温。

十多分钟后,崔先生看到了自己熟悉的小区,也看到了熟悉的街道及居委会的工作人员。尤其是门口的几个保安人员,夜色很黑,他们都穿上了防护服,一声"欢迎崔先生回家",让崔先生双眼泛泪,连声道:"回家了!我回家了!"

在核对完相关信息后,居委干部、片区民警和社区医务人员将崔先生送达他的居所。

"我真的回家啦!回家啦——"崔先生在打开自家房门、扭开电灯的那一瞬,高呼了起来。他万分激动地对居委会工作人员说:"我在大邱时,以为回不到这边的家了……可你们看,现在我多么好啊!真的回到了这个安全的家呀!"

"崔先生辛苦了!我们还有几件事请您配合。"社区居委会工作人员说,"第一,请社区医生测温并遵守相关居家隔离要求,因为您来自疫情重点国家,需要在家隔离14天;第二,隔离期间,在生活方面和其他方面有什么要求,可以委托社区工作人员和志愿者来帮忙处理;第三,隔离时需要每天向我们报告您的身体情况……"

"行!你们说到的,我都会做好!我都回到家了,还有什么不能做的?"崔先生爽朗地答道。

当在《居家隔离承诺书》上签好自己的名字,社区人员退出他的家门时,崔先生双手抹了一把脸,然后毕恭毕敬地站在门厅,弯下腰,深深地鞠了三躬。

"辛苦你们了!谢谢!太谢谢你们啦!"崔先生已经泪流满面,哽咽得说不出话。

然而并非所有入境者都像崔先生那样积极配合并怀有感激之心。而无论哪种情况,上海疫情防控战线上的"战斗员们"都能做到理解、包容、认真、耐心,一丝不苟地按照防控要求严格守好每一道关口。

这是3月初的某一天下午4时左右,虹桥机场一下子来了数架从意大利、澳大利亚、韩国和美国等飞来的航班,机场海关防控人员顿时忙碌起来……

"二组上XXX航班!"

"三组准备登机EEE航班!"

"五组同志请注意了,你们暂时还不能下班……指挥部命令你们去执行从新加坡飞来的ZZZ航班的登机检疫任务,马上行动!"

"是!五组马上出发!"

五组海关防疫小组的6名工作人员穿着沉重的防护服出

现在刚刚打开的机舱里,而此刻,这组防疫队员们已经连续六七个小时没有喝一口水、没有上一回厕所了!

"请各位旅客注意了:我们是中国海关安全检疫人员,现在请各位配合我们的工作,我们首先要对大家进行体温测量……"

机舱内的气氛颇为凝重,有的人不安地嘀咕着:"上海安全吗?""你们的测量仪器能保证没有问题吗?"

"上海的防疫工作做得很好,大家尽可放心。"

"您看,仪器测量您的体温正常,测他的也正常。您应当相信我们的防疫能力!"

"能不能快一点呀!我感到有些胸闷……"突然,有人烦躁起来,喊道。

"哪里不舒服?"检疫人员马上过去询问。

"闷!这里……"那是位日本籍旅客,他指指胸口。

"来来,我给您测下体温。"检疫人员将测温仪对准他,显示的体温是——37.3度。

机舱内顿时骚动起来,有人甚至高喊:"能不能让我们先出舱嘛!""对对,让我们先出舱!"

"请大家安静!按照中国政府对疫情防控的要求,你们在出关前必须接受健康状况的检查并登记相关信息,所以请各位积极配合,我们也将抓紧给大家测温。对发热的旅客,还要做一个咽拭子快速检测……"工作人员一边严肃地做着疏导,一边更加紧张地为每位入境者做着检查。

"如果他是病人,我们留在舱里会更危险,我们要求迅速出舱!"有旅客仍在嚷嚷,但声音似乎比较孤单。

"先生还有什么特别的感觉?"检疫人员转头询问那位感觉胸闷的日本旅客,同时递过去一瓶矿泉水,说,"您喝点水,稳定一下情绪,稍作休息后我们再测一下您的体温……"那个日本旅客被暂时留在座位休息。

检疫队员继续为其他旅客检测。数分钟后,等机上所有人的健康状况都检测和登记完毕后,检疫队员立即回到刚才那位日籍旅客身边,为他再次测温,结果——正常。

"您现在感觉胸口还闷吗?"

"不了,感觉很好。"

"好的,我们再为您测一次体温……"测温仪对准那位日本旅客。

"您的体温是正常的,刚才可能是情绪紧张所致。"检疫人员告诉他。

"太好啦!"那位旅客兴奋道。

此刻的机舱内,完全变成了另一种气氛。旅客们在检疫人员的引导下,按照"红""黄""绿"三种不同的护照标志,分批出舱……

突然,一位意大利籍的乘客冲着检疫人员说:"我们还有一件事需要做……"

"什么事，先生？"刚刚松弛几秒钟的检疫队员们，神经又"噌"地紧绷起来。

"可以鼓掌吗？"

"……可以！"

"哗哗！哗哗！哗哗——"机舱内，一百多名乘客齐声鼓掌，那节奏宛如"战地交响曲"……

检疫队员们被这真挚而热烈的"交响曲"感动得热泪盈眶。

呵，你可千万别以为这就"完成"了任务。

走出机舱、过了海关，甚至到了社区，把乘客送到居所后，那防控的"闭环接力"仍在进行……

同时，机场指挥中心的电话又骤然响起："请浦东新区的6个街道准备了，马上有17名从韩国、伊朗和意大利返沪的人员到达，请你们马上接应，做好防控准备。"

"明白！"

……

3月12日，上海市疫情防控工作领导小组办公室宣布：从3月13日零时起，所有中外人员，凡是在进入上海之前14天内，有过韩国、意大利、伊朗、日本、法国、西班牙、德国和美国等国家旅行或居住史的，一律实行14天居家或集中隔离健康观察。同时，上海将对所有疫情严重国家（地区）的入境者实施百分之百的流行病学调查。入境者必须如实填写相关信息，如有隐瞒或虚假填报，造成疫情传播的，将被依法追究责任。

3月14日一早，上海市卫健委通报：3月13日12—24时，上海新增4例确诊病例，均从意大利入境，其中一例为意大利籍，三例为中国浙江籍。

防控境外输入疫情的战斗再度升级，情况更加复杂，任务重如泰山……

二

"倒灌"汹涌而至，"流程"暖意融融。你有说得出的"缝隙"，我有拿得出的"纳米级匠心"。你未动，我已动……"社区战""楼宇战""单元战"，战战惊心动魄！

"是花木街道吗？我是机场转运中心，现在通知你们：你们的联洋小区和牡丹小区有两名从俄罗斯来的意大利入境者和三名从韩国来的旅客，将在半小时后到达，请你们立即组织接应，做好防控准备……"驻守在浦东机场T1航站楼的浦东新区转运组的几位工作人员，自3月5日入驻机场以来，已经通宵达旦工作7天了。

"明白！我们马上通知……"

"联洋社区已经做好准备！"

"牡丹社区准备完毕！"

……

上海严防疫情境外输入的"三个闭环",环环相扣,严丝合缝。

自3月5日打响阻击境外输入防控战以来,上海全市组织了万人防控队伍,开赴浦东与虹桥两大"空中国门"前线,在那里筑起了"总指挥——总联络——驻场指挥——驻场工作组——各区县(包括周边省市区指挥部)"五级组织运行体系,而后又分设海关、航站、安保、医疗、物资、转运车场、特殊旅客安置等十多个职能部门。同时,各区县也根据实际情况,对应设立了"指挥部——转运中心——治疗中心——集中隔离酒店——街道转运站"的防控运行体系。再加上街道、社区的防控人员,每天有近十万工作人员,24小时坚守岗位,筑成守在上海"空中国门"前,防止疫情"倒灌"的一道严密的闭环防线。

这支防控队伍里的每一个人都清楚:从海关、机场到各区转运中心,再到入境者所居住的小区,也许仅有一个小时的车程,但是这个过程中只要稍出一点差错,就有可能酿成不可估量的后果。

"花木"街道,这是一个多么美丽的名字!这里有个联洋社区,是浦东新区的第一个国际社区,在此居住的外籍人士达16000多人。自疫情在全球多个国家扩散以来,几乎每天都有从重点疫情国家入境的居民,如何防控、如何掌握每一位入境者的健康状况和活动轨迹,成为小区战"疫"的关键……而这里又是整个"闭环战"的最后一环,此处失守,全盘皆输。

"你们能保证小区的防控万无一失吗?用什么来保证?怎么让大家放心呢?"采访花木街道防控指挥长、花木街道党委副书记李嘉宁时,我直截了当地问他。

"我用大数据回答你……"这位年轻的街道干部从容地打开他的"宝贝",如数家珍地告诉我,"武汉疫情暴发之后,我们街道就建立了一个数据库。我现在可以负责地告诉你,在我们街道管辖的范围内,每一个社区、每一栋楼房、每一个楼道和每一个单元里,房子在哪个方位、结构是怎样的、里面住了多少人,以及每个人的年龄、性别,是业主还是租户,是外籍还是中国人,他们最近是在家里待着还是在外工作……这些信息我们街道掌握,小区的居委会掌握,防控小组掌握。如果是正在隔离的外籍人员,那么我们还知道他是哪国人,何时来此,当天的身体状况如何,甚至每日的体温和生活情况等等,这些信息都可以从大数据里找到。"

"也就是说,街道人员的健康信息,均在你们掌控之中?"我问。

"对的,一点不错。"李嘉宁说。

"衔接上没有任何缝隙?"

"我们会按照闭环管理规定,及时采取措施,确保做到真正的滴水不漏……"李嘉宁说。

"就在前天深夜1点左右，我正好在这里值班，突然接到联洋小区居委会蒋冬梅书记的求助，说他们地段医院接到市里通知，要他们马上在小区内找出前一天从伊朗经俄罗斯到达上海浦东机场的两位伊朗籍确诊病例密切接触者，并将他们护送到区集中隔离点。可是地段医院的医生到小区门口后，保安不让进……这怎么行！找出已确诊者的密切接触者，是防控环节中一项刻不容缓的任务。我抄起电话就与联洋居委会的几个职能部门协调，又马上派出街道防控队员前往小区协助行动。当120救护车把这两位密切接触者送走时，天已蒙蒙亮了。但没有想到的是，到了早上，'昨晚有伊朗患者被拉走了'的消息在社区居民中传开来，许多人慌了起来。为了让社区居民安心、放心，我们街道干部立即将那两位密切接触者的活动轨迹在小区内进行了公示，同时详尽介绍了那例确诊者的相关情况。小区居民这才放心——原来我们这里的防控没有'裂缝'，也没有'漏水'的地方呀。"花木街道疫情防控小组副指挥长张晓山向我讲了另一个故事。

在上海，像联洋这样的国际社区有十几个，有些小区入住的外籍人士比中国居民还多。如何进行防控，其实是很艰难、很繁琐的，有些很不起眼的生活琐事，就有可能造成闭环的"漏水"和"裂缝"……

怎么办？

"我们有办法!"李嘉宁说,"在所有的小区内,尤其是外籍人士较多的国际小区,我们不仅对所有居住者的身体状况了如指掌,而且对他们每天的生活与活动轨迹同样一清二楚。每栋楼、每个楼道,都设了楼长和楼道长,他们要负责居民的生活所需与防控事务!"

"有这么'神'吗?"

"是这样的!"李嘉宁自信地告诉我,"因为我们根据不同国家的生活和饮食习惯,已经提前准备好几份用品清单,他们在隔离期间,基本上都会按照我们提供的清单采购物品。而小区的物业、快递员、保洁员、保安等,都是24小时值班……"

"如此大的工作量,谁能承担得起啊?"

"党员、干部和小区的居民们呀!他们都是'战斗员',都是我们'闭环战线'的一分子……"李嘉宁说,"在疫情紧急时刻,我们街道和居委会的所有干部都冲到了前线,几乎都是从大年三十坚守到现在,没有一个人离开过岗位。"

"输入性疫情严重之后,我们的人手越来越紧张。社区就先后在党员中、在群众中招募志愿者,结果一下就有三千多人报名。于是我们就将这些志愿者编成上千个防控小组,每个小组由党员领队,分配任务。他们组成了最接地气的社区防控线……"李嘉宁说到这里,突然哽咽起来,"我们培花社区第九居委会党支部书记薛梁英,是个'80后'好青年,战

'疫'打响不久，就倒下了……遗体告别的时候，街道和居委会的许多干部都想去，可又不能前往，最后只有我和另一位街道干部为小薛送别，那情景我一生难忘。"

"我们另一个社区主任叫石丽芳，是一位'70后'女同志。抗疫两个月来一直在一线，尤其是3月初境外输入疫情严重，她们社区的工作量骤增，被我们称为'小石头'的她，每天都要工作近二十个小时。昨天（12日）她刚刚被医院诊断出挺严重的乳腺癌……如果早那么一两个月检查，或许情况不会像现在这么糟糕……"一旁的张晓山随口说了另一件事。

采访被迫中断了好几分钟，大家的心情十分沉重。

"喂喂，又怎么啦？"李嘉宁的手机响了，他站起身接电话，"明白了，我马上去处理！"

"市里说我们这边又有一例浙江籍入境者被确诊，跟他同一架飞机回来的人中有我们街道的好几个人，需要马上对他们进行隔离……"李嘉宁一边说，一边夹着一堆材料，抱歉地向我告别，随后飞步朝楼下奔去。

"这些日子，几乎天天这样，每时每刻都可能冒出新的疫情来……"留下继续接受采访的张晓山说。

此时，我看了看自己的手机，有两条未读信息。一条是浦东新区宣传部的同志发来的，说她的同事现在都到机场去"战斗"了。另一条信息是市防控部门的朋友发来的，他告诉我，市委、市政府刚刚给各区和两个机场的负责人下了"死命令"：输入疫情越来越严峻，上海必须全力以赴，不惜一切代价，为2400万上海市民守住"城门"，为14亿中国人民守住"国门"，绝不能出现一个漏洞。为此，特别提出要"严格依法防控、联防联控，措施要精准，流程要优化，预案要周全，工作要细密。确保环环相扣，无缝衔接"。

看到这里，我给这位朋友回复：可不可以向上海以外的海内外朋友转达你们说过的一句话——"上海可以让大家放心"？

"当然！我们上海一定，而且保证能让大家放心！！！"他马上回答道，并且加了三个感叹号。

我顿感心头吹起一片暖融融的春风……

三

异常、超常、不寻常，"小联合国"的事皆属正常。健康安全，暖如春光，是"地球村"的常态……

多数人到上海的第一站，就是虹桥。因为这里有上海最大的交通枢纽，年客流量达4.5亿人次，平均每天接待旅客超过123万人次。许多人不知道，改革开放后中国大陆第一个进行国际招标土地批租的地块、全国最先以发展服务业为主的国家级开发区、中国第一家国际级专业展贸中心等等，都诞生在虹桥。

3月12日,笔者来到虹桥街道古北国际社区,这里居住着外籍人士28000多人,其中日韩籍占60%,欧美籍占20%。"我们古北社区居住的外籍人士是全上海最多的,来自60多个国家和地区,所以有'小联合国'之称。"正带领街道干部和志愿者在古北社区进行防控工作的虹桥街道党工委书记胡煜昂介绍说。

果不其然,一到社区门口,就遇上了给大家测量体温的一对韩国父子志愿者。

"先生贵姓?可以说中文吗?"

"可以,你随便问。我叫文贞善。"哈,听起来他的中文发音相当标准。

"小朋友多大了?"笔者问文先生的儿子,他跟父亲一样穿的是防控志愿者的红马甲。

"13岁。"小朋友回答。

"他是在上海出生的。"文先生骄傲地说,"我们全家一直在上海做生意。"

"今天在这儿当志愿者?"

"是。这里是我家,家里有了事,就要出来帮帮忙……"文先生一口"上海腔",而且语气中带着真情。

"我们韩国前阵子疫情严重的时候,上海的朋友和我们古北社区的人听说后,一直通过我和其他居住在这里的韩国人支援大邱等地方。现在我们古北社区面临的防控疫情'倒灌'任务重，我就跟儿子一起报名做志愿者，每天出来值几个小时班，很开心，也很骄傲……"

"谢谢你们。"文先生的话让人感动。

"要感谢中国，感谢上海，是你们给了我们一个安全幸福的家……"口罩下，我看不清文先生的表情，但那双闪着晶莹泪花的眼睛告诉我，他说的话是从心底冒出来的。

我了解到，疫情期间上海的许多国际社区都有很多像文先生父子一样的外籍志愿者。

江苏路街道的华山居民区也是一个很大的国际住宅社区，住着众多来自意大利、法国、美国、德国、日本、韩国等国家和地区的外籍人士。这里平时管理很严。输入疫情愈发严重，谁来当"门卫"成为了一件大事。"我报名！"意大利小伙子贾柯木头一个报名，他一带头，小区的许多"老外"跟着报名当志愿者。现在贾柯木已经成了小区的"红人"，他几乎每天都要在小区门口值守，为进出的居民测温、登记信息。长着"洋面孔"却说着一口流利的中文，外加穿着醒目的红马甲，贾柯木和这些"老外"志愿者，成了社区一道亮丽的"疫景"，也被许多媒体报道。

我们这天在古北社区采访，同样处处感觉温暖如春。

"这个小包叫'防疫融情包'，社区的居民人手一个，可以一进门就知道如何做好自我防护……"刚跨进小区内，"80

后"的荣华居委会第一书记盛弘递给我一只小包,"你看,它有不同的版本,你是哪个国家的人,我们就提供哪种文字的'融情包'。"

嘿,仅凭这一点,就够暖融融的了!我打开小包,首先看到的是长宁区政府致外籍居民的一封温暖的"疫情告知书",上面写着对来自境外重点疫情国家和地区的人员实施隔离医学观察的相关要求、隔离期间的注意事项,以及生活、医疗方面的求助电话,亲切、周到。最后有句话很温馨:"让我们共同守望,齐心协力,共克时艰!希望您安全度过隔离期。"

"全上海的国际社区内,每位外籍入住者都会收到这样一个小包。"长宁区委宣传部长夏煜静告诉我。

显然,这是上海人民给每一位来沪的外籍友人送去的一个"感情包"。

"上海是有温度和温情的国际化城市,所以我们愿意把家、把心都留在这里!"负责这个国际社区的上美置业有限公司总经理方耀民来自香港特别行政区,1987年这个国际社区建立时他就来到了这里,如今已33年了。方先生一见我,便激动地递过名片,说:"我不仅见证了这个社区发展的全过程,而且最长时间感受到了上海人民对我们的温暖之情。这次疫情期间,很多从美国、意大利等国家回来的人告诉我:眼下没有哪个国家比中国更安全、更让人放心。有个意大利人甚至说,地球村很大,上海这里最明亮、最温暖。"

"仅凭一个'感情包'是远远不够的,用我们社区干部和志愿者的话说:你还得每天靠一双腿去跑……"盛弘指了指身边的社区医院医生张梦娇,说,"你问问她现在一天走多少步。"

"多少?"我脑子里闪了一下自己每天"锻炼身体"的跑步水平:1万步算是不错的记录了。

瘦小的张医生羞涩地说:"2万到2.5万步吧!本来我的腿就不长,现在更短了呀!"

这么多步啊!我知道张医生她们是穿着十多斤重的防护服在小区各栋楼里上下奔跑呵!那真是太不容易了!

"必须这样,而且你还得提起精神来跑……"张梦娇医生告诉我,3月3日上海要求对来自境外重点疫情国家的人员实施隔离后,古北国际社区的抗疫战斗就全面开始了。"当天我们负责的社区就有280人从韩国和日本回到这里,这么大的工作量从前没有遇到过。社区医院50个人全部出动,挨家挨户去核对信息,做好上门防控工作,基本上每一户都需要花半小时以上。粗略统计,这一天我们共上门169户,对365人进行了防控安排。那十几个小时里,我们既不能脱防护服,又不能吃饭,上厕所也不行。医院的防护服还是很紧缺的,脱一次就不能用了,所以得穿尿不湿……"

张医生说到这儿,不好意思地笑了起来。

"最初碰到的困难还有语言不通,只能临时学几句'塑料英语'跟外籍居民沟通,一怕时间拖得长,二怕出差错,所以格外累人。"

"这两天古北小区共有516名入境居民需要进行医学观察,我们现在是安排10个医生每天两次上门对他们进行检测。这样每个医生每人就得走2万多步。总之,你走慢了就完不成任务,想走快你也跑不动呀!"张医生说。

"他们非常辛苦,而且估计最近一段时间境外'倒灌'的人数还要增多,这样我们的压力还会增大。"盛弘说。

盛弘带我到小区里参观。一路上,我们遇见好几位外籍居民,他们多数也穿着红马甲,还能用中文与我打招呼。远远地我还看到有戴着口罩的"老外"在"扭秧歌",这很有趣。

"咱们社区这样的奇事、怪事、超常事,几乎天天都有,这也是国际社区的特点。"盛弘笑着说。

她讲了一串有趣的事。有一对日本老夫妇,特别听话。志愿者向两位老人提出居家隔离的要求后,他们规规矩矩地待在家里,什么都不动。后来社区的人发现,老两口连续两天都不敢打开一下窗户。志愿者马上前去告诉老人应该注意室内通风和清洁。

有一天,一位正在隔离的韩国小伙子来电话说他的体温突然升高了!居委会干部马上穿着防护服去帮他重新测温,确实达到37.6度。"当时我们也跟着心跳加快,体温升高……"盛弘说,"后来我们就问小伙子这些天是吃的不好,还是哪儿不舒服。他说没有。我们就趁着给他第二次测温的间隙,观察了屋内的环境,发现他把空调温度开得特别高。我们把空调温度调低后,过了一会儿连续给小伙子测了两次体温,都属正常。那小伙子不好意思地向我们道歉。"

有趣的事还在后面——

3月中旬起,社区里来自境外重点疫情国家的隔离者越来越多,该落实的各项防控措施已经都落实了,但是社区防控指挥部总是接到一个个"举报"电话。

啥事体嘛!侬讲来听听……

"我们的邻居是隔离者,他们每天有两次把垃圾扔在门口的走廊里是吧!你们讲好的上午9点来拿走一次,下午6点再拿一次。但是,这些天每次拿垃圾的时间总会迟那么十来分钟、二十来分钟的呀!这怎么行呢?让我们怎么生活?"

"明白了,听明白了,伯伯阿姨们!你们静一静好伐!"居委会干部承认是有这种情况,并解释:收垃圾的人员有个"时间差",所以请大家谅解。

"那不行!这个我们不干!""我们不同意!天天晚十分钟、二十分钟的话,阿拉就啥事体都做不成了……"居民们七嘴八舌,寸步不让。

"你想想:我每天9点钟要出去做锻炼身体,晚十分钟、二十分钟,那些老朋友以为我不来了,他们'三缺一'就不高兴了!"

"阿拉6点钟接小孩子回家,他还要做作业,这在楼底下等上十分钟、二十分钟的,大冬天的,又黑乎乎的,再弄出个感冒发热,麻烦就大了去了!"

"就是!你们必须要赶快解决这个事体呀!"

"是啊,必须马上解决!"

居委会干部答应道:"好,这个问题我们一定要解决,如果现在把时间误差缩短到五分钟以内,你们觉得可不可以接受?"

"三五分钟嘛,倒也不是啥事体……阿拉以为可以接受。"

"行,明天我可是要掐表检查的呀!"这些老居民们,说一是一,啥都认真。

"好好,欢迎检查我们的工作!"送走老居民后,居委会干部着实犯难了:这十几个隔离者,分散在八九栋楼里,有的还住在十几层,怎么才能准确掌握时间呢?

这个难题,最后还是交给了物业公司。

"现在我正式下达任务:你们几位,必须确保对居家隔离者的垃圾收取时间上午不能超过9:05,晚上不能超过6:05!谁要是超时,扣谁的奖金!听到了没有?"物业公司的方经理对手下的几位收取垃圾的"突击队员"如是说。

"我们没问题呀!可还得看电梯给不给力嘛!""突击队员"很是为难。然而,他们毕竟是"突击队员",一旦投入战场，立刻变得勇猛起来。

你瞧他们：每天一到收垃圾的两个时间点，个个如百米冲刺的运动员，在几栋楼道里风一般地上下奔跑，分秒必争。

"哎，这回他们拿走的时间正好！"

"不错，小区干部说话还是蛮算数的哩！"

隔着门缝看"热闹"的隔离者和老居民这回满意地点着头。毕竟，可能有病毒的垃圾，放在家门口可不是个小事！

其实，类似这样的有趣而温暖的事，在许多社区皆可见到。

一天，日本籍的增田先生返沪回到位于长宁区新泾镇天山星城的家时，小区门口的防控人员已经为他准备好了居家隔离流程的日文说明书。当场填写完信息后，防控人员特意请他扫二维码加入了小区"隔离微信群"。

"这个好！我们这些'隔离友'相互之间可以获得很多帮助与信息，啥事都不用发愁了！"增田感慨不已，"这种近乎完美的服务与举措，也只能在中国有。"

针对国际社区的防控管理，新泾镇通过"每日工作提示"来规范重点国家返沪人员防疫管理工作流程，通过宣传多语种"随申码"，发放多语种《防疫友情提示卡》，录制多语种"健康观察15问"，以及招募在线翻译志愿者等举措，解决了外籍居住者居家隔离遇到的各种问题。

3月10日晚10时，绿八居民区党支部书记刘观锡，在小区门口等候即将从机场抵达的外籍母子三人。他事先已让儿子帮着翻译了一些基本对话。当他顺利将三人送达家门口后,递上事先准备好的两个双层防疫专用垃圾袋,袋上写有:"每天17:15前,请将垃圾放置其中。"刘观锡连说带比划,硬是把居家隔离的相关事项向他们交代清楚了,并且互加了微信后才放心离去。

回到家,老刘还有点不放心,便喊来儿子帮忙,特意在微信里设置了翻译功能,这样他便可以直接同居家隔离的"老外"沟通了。

"OK,中国太棒了!"母子三人乐得手舞足蹈。

第二天17时15分,这一家隔离者按照规定的时间处理干净垃圾。老刘很得意地告诉同事,他靠的是微信翻译和翻译软件……

袁艺所在的单位是上海市政府支持的第一家外籍驻沪非营利机构,专门帮助来沪外籍人士在上海"建立一个远离家乡的家"。

袁小姐给我讲了一件事:在春节前后上海疫情非常吃紧时,该机构主席Linda Painan(中文名徐凌娜,新加坡华裔)亲自到东南亚等国采购口罩,准备捐献给中国,但发现东南亚国家基本断货。她便火速只身到印尼,找到熟悉的医学界人士,最后通过熟人从某医院购置了10万只口罩和1800只儿童专用口罩。当时多数国家通往中国的飞机已停运,Linda

Painan女士又不得不亲自把这批口罩运到新加坡,并直接将那些儿童口罩装进一只行李包,在新加坡机场交给了正在登机的一位朋友带到上海。

10万只口罩和那批儿童口罩对当时的古北国际社区,对上海都非常重要。当虹桥街道的干部们向该机构表示感谢时,袁小姐却说:"要表示感谢的是我们,因为上海让我们在这里有了一个幸福安全和美满的大家园,所以我们才能在这里建起了自己的小家。有家的人是要顾家的,飞得再远也要回家的。现在我们越来越感到,家在上海是一件多么幸福的事!"

我相信袁小姐这番动情的话是真诚的。

当我准备去另一个国际社区采访时,上海的同志给我发来一条短信:他们刚刚从一个国际社区护送走了一位有急事要回国的日本籍隔离者。

这是中国第一个送入境隔离者"逆行"回国的案例。上海防控人员高度重视,专门做了预案,通过"闭环"渠道,全程监控,万无一失地将客人送到目的地。这位日本客人安全回国后,给在中国居住的日本朋友们说:"上海做了我家人都做不到的事,我的心能不思念她吗?"

这就是今天的上海,虽然疫情险急,但处处安全有序,春暖花开。

7. 一声"妈妈"好甜美

"妈妈——"

"哎！"

"妈妈——"

"哎——"

2月20日，一缕异常温暖的阳光洒在7个月大的小彤彤脸上，她那张又嫩又红润的脸上，绽放着稚气未脱的笑颜。只见她忽儿张开双臂搂着护士长夏爱梅，忽儿又搂住大夫曾玫，还对着一群穿着白大褂的护士阿姨，奶声奶气地叫着"妈妈、妈妈"……那情景让前来欢送小彤彤出院的复旦大学附属儿科医院的医生护士们，好不幸福和暖心，许多人当场流下了热泪。

"1月19日晚，我们接收的第一例儿童新冠病毒肺炎患者，竟是个只有7个月大的小女婴，让我们原来就绷得很紧的心弦平添了好几分忧虑：这怎么弄？孩子这么小，出半点闪失也不行啊！尤其是看到需要隔离的孩子母亲满脸泪水地向孩子告别的那一刻，我们的心都快跟着碎了……"护士长夏爱梅当晚接到医院通知后，马上从家里赶回医院，第一时间接待了这位小患儿。

"妈妈——""妈妈——"小彤彤是在一声高过一声的撕心裂肺的哭声中被抱进负压隔离病房的。

"喔，乖乖不哭，不哭了……"夏爱梅不知哄了多长时间，小彤彤才迷迷糊糊地睡下。

"今晚是你值班呀？"夏爱梅放下小彤彤，想检查一下接班护士是谁，一看正在穿防护服的张洁，便不由担忧起来："你行吗？要不我留下吧！"护士长清楚自己的兵，24岁的张洁，连对象都才刚刚谈，根本没有带婴儿的经验！而如此幼小的新冠肺炎患者，既要24小时贴身护理，又要进行各种治疗。护士长的担心不是没有道理。

"请护士长放心，我一定做好！"张洁坚定地说道。

夏爱梅沉默片刻，心想：可恶的疫情，你让这些在父母眼里还是孩子的她们也上了战场。"一定要离孩子远一点，患者身上的病毒可是一样厉害的……"她再三叮嘱张洁。

"明白。"张洁点点头。

夜深了，负压隔离病房内异常安静。也许正是这样异常的安静，让患病在身的小彤彤很不安宁，不一会儿就"哇哇"大哭起来。而当张洁靠近时，小彤彤便哭得更厉害。

张洁赶紧俯身过去哄着:"喔——小乖乖别哭,别哭了!"

很有灵气的小家伙睁着一双忽闪忽闪的眼睛,直盯着穿着一身洁白防护服的张洁,显得十分好奇。"小乖乖睡觉了啊……"张洁想轻轻地往后退,哪料小家伙又"哇哇"大哭起来,哭得让人揪心。

"这……"张洁束手无策,只得再靠近过去。小家伙眼睛盯着张洁继续"哇哇"哭泣,竟然还伸出一双小手,示意"抱抱"……哎哟!瞧那可怜又可爱的样儿,张洁的心被重重地戳痛了!随之,一股抵挡不住的爱流涌至这位年轻女护士的心头……张洁伸出双手,情不自禁地上前抱起小彤彤。

呵,小家伙不哭了!那小脸蛋上竟然还露出了笑容,甜得"90后"的张洁泪水汪汪……

"好——我抱我抱!"这一夜值班,张洁一共抱了小彤彤四五回,每回都要几十分钟。早上换班,她在脱下防护服时,两条裤腿里竟倒出了"两碗多水"。

接她班的是比张洁还要小两岁的王锦。几个月前才从学校毕业分配到感染科当护士的王锦,悄悄向张洁讨教"伺候"小患者的秘诀。张洁告诉她:当好她的"妈妈"就行。

啊,我当她的"妈妈"?!王锦就差没叫出声来,羞得满脸通红。张洁笑了,便在她的耳边传授了几句。

"嗯!"王锦立即神圣地点点头。

又一个护士,像战士,又像慈爱的母亲一样,勇敢地走进隔离病房……

"妈——妈！"小彤彤看到身穿白色防护服的王锦，以为又是"妈妈"回来了，兴奋地张开小手，迎接"妈妈"的抱抱。

"好乖——"又一位"小妈妈"温柔而又亲昵地将小家伙抱起……之后，每天，每夜，都有这样一位又一位同样温柔和亲昵的"妈妈"，来到小彤彤病房，抱起她，逗她玩，给她喂奶、换尿布、喂水、抽血样……

小彤彤分不清谁是谁，只要她睁开眼看到有穿着白色防护服，还能抱她、逗她玩、给她吃东西的人，就以为是"妈妈"。然而，毕竟孩子还小，小彤彤的母亲和家人总是有些担忧，他们怕孩子生活不好，因而对治疗十分担心。

"放心吧，彤彤妈妈，你把她交给了我，我就是她的妈妈了，我会像对待自己7个月的'二宝'一样，精心呵护小彤彤的……"担任小彤彤主治医师之一的王相诗，正好有一个与小彤彤同样大的二胎宝宝，她便加了小彤彤妈妈的微信，每天通过视频把她和医生们治疗小彤彤的方案和效果发给对方看。

小彤彤是幸运的，她的病情很快趋于稳定，在"妈妈们"每天24小时不间断的接力呵护下，一天天地在恢复……那一声"妈妈""妈妈抱"也变得越来越甜蜜，宛若丝丝和风，吹化了感染科每一位医生、护士"妈妈"的心。

作为上海唯一收治新冠肺炎确诊患儿的复旦大学附属儿科医院,自小彤彤入院之后,每天都有几十个,甚至上百个发热的孩子前来就诊。尤其是收治新冠肺炎确诊患儿和疑似患儿的感染科,更是成为最紧张、最受关注的地方。儿科医院迅速调整医疗资源,抽调精兵强将加入诊治孩子们的"激烈战斗"中。而这里的战"疫",又与其他地方不同,孩子们太小,最大的11岁,最小的才几个月。如何万无一失地确保花朵般的幼小生命平安无事,同时要让他们健康地生活和成长,这是难上加难的事。

在收治小彤彤不久,一岁的小丁丁也被确诊。小丁丁与小彤彤的病床紧挨着,但两个娃儿对穿着白色防护服的护士、医生们有着截然相反的态度。小丁丁一见穿防护服的人走到病房,就以为有什么"怪物"来了,哭个不停,更不用说接受治疗了。

这下把主治大夫曾玫急坏了!

"看我的!"医师王相诗笑着又来向曾玫大夫"请战",说完便去"武装"起来。

"噗!"曾玫看着雄赳赳、气昂昂走向病房的王相诗的背影,心头暗笑,"一会儿我进去查房,倒要看看你的本事哩!"

十来分钟之后,曾玫带着其他几位专家查房,最先来到小彤彤和小丁丁两位小患者的病房。

这是在干什么嘛!曾玫一行刚走进隔离病房内,就被里面的"舞蹈场面"逗乐了：只见穿着臃肿防护服的王相诗，站在小彤彤和小丁丁的病床之间，不停地扭动着，跳着自编自演的"儿童舞"；那歪歪扭扭的身姿，那滑稽又可笑的舞蹈，逗得两个小家伙"咯咯"地笑个不停，把害怕完全抛到九霄云外。

"好喽——！"曾玫和其他几位医生趁机为小丁丁和小彤彤打针、喂药……完美收工！

"妈妈们"的招数太惊艳，也太有趣了！那原本死气沉沉的"恐怖"的病房，变成了丰富多彩的"儿童乐园"。患儿的家长们通过视频看到这一切，无不赞叹，夸奖夏爱梅、曾玫她们"比亲妈还亲"。

"一切为了孩子，孩子的一切就是我们的一切，这就是战'疫'的全部！我们的目标是全力保护和治愈每一位入院的孩子，因此我们既要有过硬的医疗能力，更要做每个孩子的妈妈，因为妈妈是孩子幼小生命中最重要的支撑和依靠。"在儿科医院被确定为全市唯一收治新冠肺炎患儿的医院时，感染科主治大夫曾玫和护士长夏爱梅就这样对她们的团队说。

"明白。我们既是医生护士，也是孩子们的妈妈！"感染科的八位大夫、二十位护士在曾玫和夏爱梅的带领下，每一天都在病魔与花朵之间搏杀与周旋。这需要勇气，也需要耐心；这需要理性，也需要柔情……甚至还要苦口婆心，百般劝哄。

"其实，在孩子那里，一个'哄'字，既是育儿艺术，更是一种温暖和无私的爱。"夏爱梅说。

11岁的女孩娜娜，被确诊后就是不配合，她父亲提出种种理由要带孩子回家。当所有的"理由"都被一一驳回时，娜娜的父亲最后甩出了一句话："她从来没有离开过妈妈，你们能做得到吗？"

"做得到！"夏爱梅用坚定的三点头，向娜娜的父亲庄严承诺。

"好吧，我要看孩子病房内的视频！"娜娜的父亲终于扔下这样一句话，离开了医院。

懵懂的娜娜从此开始折腾起想做她"妈妈"的夏爱梅，不是说打针太疼，就是嫌病房太闷，一会儿又说饭菜不好吃，想吃"外卖"，甚至想穿最新款的衣服……

"好，我马上就去！""行，陪你玩！""那好，你等着……"夏爱梅真是当起了一个不厌其烦的"妈妈"，直到娜娜满足为止，自个儿才笑出了声。

那是一段对夏爱梅来说十分艰难的日子。娜娜是病情复杂、治疗时间最长的患儿，或许是因为她比其他患儿更懂事些，所以每天也更焦躁，她又把这些焦躁不停地转嫁到医生、护士身上，于是不断地折腾人。所有这些，夏爱梅默默地看在眼里，百般地体贴娜娜，尽可能地满足她的需求。夏爱梅知道，其实这种看起来"过分"的要求，正反映了娜娜这样大的患儿内心的痛苦，而这些，是无法用药物医治的。

"来，娜娜，我们一起唱首歌吧！"

"娜娜真聪明！给阿姨讲一件你在学校里表现得特别棒的事情好吗？"

夏爱梅就是如此不厌其烦地通过耐心启发、谆谆诱导，让娜娜心头那朵凋垂的花朵重新绽放。与此同时，曾玫大夫和专家团队们又不断根据娜娜的病情及身体情况，有针对性地制订治疗方案……四十天后，娜娜的病情完全缓解，两次采样化验结果都为阴性。

出院那天，一向爱折腾的娜娜突然变得异常温柔可爱。她搂住夏爱梅的脖子，脸贴着脸，悄悄对着护士长的耳朵说道："阿姨比我妈还疼我呢！"

那一刻，夏爱梅的眼眶有些湿润。

用心和温情安抚、医治患儿，是感染科每一位医生护士的心声。也正是因为这慈母般的崇高情怀与温馨的爱，上海全市收治的11个新冠肺炎患儿无一转为重症，并于3月13日前全部康复出院。

"感染科注意了！马上有两例境外输入新冠肺炎患儿需要我院收治。曾医生、夏老师，你们需要立即调整队伍，全力投入新的战斗！"

"是！请院长放心，我们全科严阵以待！"刚刚同时火线入党的曾玫和夏爱梅，再度披上"战袍"。她们迅速打开手机,一个接一个地给感染科的姐妹们下达新的任务。

"妈妈,你到哪儿去呀?娇娇今晚想搂着妈妈睡,好吗?"接到新任务的王会莲刚想抽身出家门,却被5岁的女儿抱住了双腿,小宝贝的这一声恳求差点没让王会莲热泪奔涌。

"好娇娇,听话,妈妈去去就来!娇娇先去睡,妈妈回来就搂着你睡啊!"王会莲弯着身子,在女儿的小脸蛋上亲吻了一下,而后消失在长长的城市大道上……

"妈妈!妈妈——"王会莲走到病房,见一个随父母从西班牙来到上海的小男孩躺在病床上,梦中喊着一声声"妈妈"。那喊声让王会莲仿佛看到自己的孩子在梦中呼唤她,于是她轻轻地走到孩子身边,给他盖上被子……

"妈妈在,妈妈就在你身边……"王会莲蹲下身子,一遍又一遍在孩子的耳边这样深情地回应着,呵护着。

"谢谢妈妈!"

"妈妈再见!"

又是一个阳光明媚的春日。又有两位入境患儿出院了,医院门口那一句句与"妈妈"惜别的话语,让这个春天里的上海,变得更加温馨与甜美……

8. "战争"风云

这就是一场战争。3月之前,中国"疫"战的主战场在武汉,但现在的主战场在上海、在北京。而我从"疫"战开始,就一直在黄浦江边——

我们这样"宅"了几个月的人,到浦东国际机场看一眼,吓得心惊肉跳:这哪是机场!有多少身穿防护服的战斗队员?有多少辆救护车?还有多少等待在那里的医生?总之,到处都有些恐怖的"白色"。眼下,这里已经成了名副其实的疫情"前哨"——中国的,也是世界的前哨。

"真的吓煞人了!"海关防控检疫员老肖与小曾在 T1 航站楼的某疫情重点国飞来的机舱内,刚刚对 180 多个入境者进行了检疫,这已经是他们 6 人小组当天完成检疫的第 4 个航班了!知道吗,检疫完一个航班,短则一个小时,长则两个小时……那是啥光景?嚷嚷的、愤怒的、绝望的,叽叽喳喳、骂骂咧咧的，所有平时不常见的表情，此刻全然"绽放"。然而老肖和小曾他们想不到的事还是发生了：一位从欧洲回来的老人突然休克在机舱，他们刚刚处理完，接着，一位三四十岁的女士"哇"地一声大叫，"哎呀呀，我不行了！不行了……"

"怎么啦？怎么啦？"机舱口顿时大乱，可谁都不知道发生了什么。

拖着沉重防护服的老肖和小曾赶紧扒开拥在机舱口的旅客，冲到那已经完全失态的女士身边。

"怎么啦女士，哪儿不舒服？"

"我……我……呜呜……"女士掩面而泣。

"到底怎么啦？哪儿不舒服？"小曾追问。

可这女士只是哭，什么也不说。

"怎么回事？别哭哭啼啼了嘛！"小曾还在嘀咕时，老肖朝年轻的伙伴轻轻地厉斥道："嚷什么你！快去下面搬辆推车来！"

"搬推车干吗用？"小肖不解。

老肖气得直想揍他一拳，可不能。他用眼睛朝小肖暗示了一下，让他看一看那女士的脚跟处。

"天哪！血哟！"小肖的眼珠瞪圆了。

"还不快去搬推车！"

"哎！"

小推车来了。老肖和小曾一个推着小车,一个在推车前面喊着:"让一让!让一让!"

"怎么啦?怎么啦?"航站楼的通道上,本来大家就很紧张,又被眼前的一幕吓呆了:那个女士裤腿下面不停地淌着一滴滴鲜血……顺着推车走过的地方,滴成长长的一条线!

"这位女士大出血了!请海关迅速通关!"跑得气喘吁吁的老肖一边给海关人员作揖,一边又朝几位公安人员招手,"请帮忙去调辆车来,有病人!重病!"

"晓得了!晓得了!"公安人员一看这架式,立即飞步去调度专车。等他们再回来时,老肖已经将女士的入关手续通过"绿色通道"办妥。

"车子已到,我们已经联系离机场最近的妇科医院,把她交给我们吧!"公安人员从小曾手中抢过小推车,推着就往外跑。

"同……同志……"那半昏半醒的女士仰过头,想跟老肖和小曾打个招呼,可她根本就没有力气,只有两行眼泪不由自主地淌在脸颊上。

"Hungry!Hungry!"(饿!饿!)

"No!No!"(不行!不!)

"怎么回事?"小曾还没有来得及目送远去的那位女士,又听到身后大哭小喊的声音,是一对拖着两个大箱子的外籍母子。那哭喊着的小男孩子看上去也就四五岁,拉着他的年轻母亲看起来疲倦不堪。

"请问先生，吃的哪里有？我、孩子……飞机上 14 个小时，我们只吃了两只 bread……"那位女士眼泪汪汪地张着双手问老肖。

"她说的 bread 是什么东西？"老肖这回被难住了，问小曾。

"面包！她说她和孩子在飞机上只吃了两只面包，饿坏了……"小曾有些得意，因为他的"散装英语"水平比老肖要高出那么一点儿。

"那你还不快去拿！"老肖火了，命令小曾火速去食品分发点给这对母子拿点吃的。

小曾又是一路小跑。

"哇……"那个卷发的小男孩见穿着庞大白色防护服的老肖，吓得直哭。

"Sorry! Sorry!"女士不好意思地把孩子拉到身后，直向老肖道歉。

几米外的老肖意识到是自己吓着了小男孩，有些束手无策，最后还是拿着一堆食物火速跑步回来的小曾救了他。

"拜拜！"

"拜拜……"

有了面包和冰激凌吃的小男孩不再哭了，欢笑着跟妈妈一起向两位防疫人员再见。

"我实在憋不住了……"这时小曾对老伙计说了一句。

"哈哈……"老肖终于忍不住。他刚想怒斥小曾,哪知自己的下身也胀得几乎不能动弹。

这是怎么回事?一群刚下飞机的入境者,路过这两位蹲在地上的中国防控人员时,觉得很奇怪。

老肖和小曾对视了一眼,羞得不行,因为他俩的尿不湿这回全都水淋淋了……

除了机场,防疫的战场其实还在某个小区、某个房间里。

"笑,你还有脸笑!快交代——到底是怎么回事?"公安人员正在"审问"锦绣前城小区的居民张某。前些日子,张某带一对11岁的双胞胎儿子从重点疫区回到上海,与两个孩子一起被要求居家隔离。14天中均没有异常,怪就怪在第15天时,他突然向小区防疫队报告他体温高了。医生立即上门检测,果然高了!这种情况下,小区防疫人员高度警惕,立即将其送往集中隔离点进行咽拭子测试,结果张某很快被确诊为新冠病毒肺炎。张某被送往医院治疗的同时,有关部门迅速开展流行病学调查,结果发现:此人在隔离期间,每天偷偷地出去遛狗。他还在"朋友圈"里炫耀自己如何如何"瞒"过防疫人员的眼睛,早晚偷偷下楼到小区遛狗……

这还了得!一个确诊者天天偷着下楼在小区遛狗,这会造成多少密切接触者啊!

已经被确诊的张某,在执法人员的审讯下终于低下头。

还好，根据他的交代和公安人员调来的电子录像，在张某遛狗的时间内，没有与小区居民接触。他是趁人家还在休息时偷偷出来遛狗，打了个时间差。

但是，防疫人员又有了新麻烦：家里两个未成年的双胞胎儿子怎么办？作为密切接触者，隔离是必须的。但因为是未成年人，所以得征求监护人张某的意见。

张某说，孩子小，他不同意送到集中隔离点，还提出：你们把正在重点疫区的孩子妈妈接到上海来。

这根本不可能！防疫指挥部不同意。千里迢迢，风险无法估量。"既然不同意，我也不同意让孩子到集中隔离点。"张某不肯让步。

一时间，防疫队员被他"僵"得束手无策！社区、居委会、街道三级防控人员急得团团转，因为两个孩子在家时间一长，不知会出什么差错！一旦这道防线突破，整个小区就会有危险。

"有了！我觉得有办法！"街道防疫指挥长李嘉定是学法律出身的，他拿出相关法律条款说，"根据《中华人民共和国未成年人保护法》，如果确认这两个孩子的合法监护人不能履行监护职责，街道或社区可以把孩子的监护权接过来。这样就可以直接把孩子送到集中隔离点，在那里有专人负责他们的日常生活。"

太好了！大家好不兴奋。李嘉定说："我还得请教一下在上海司法界大名鼎鼎的师兄,他要说我们的做法合法,那就万无一失了!"

"当然可以。你们的做法完全合法!"师兄的回答十分肯定。

"现在我向你宣布,根据《中华人民共和国未成年人保护法》,我们街道作为他们的临时监护人,将按照当前疫情的相关要求,送他们到集中隔离点,孩子们的一切都由我们来负责……特此告知。"

躺在病床上的张某,连眨了几眼,只能听从街道安排。

问题又来了:孩子被送走后,那条狗咋办?它要是感染上了也是大麻烦呀!社区防疫人员又急出一身汗。还好,最后通过与公安部门联系,将狗送去统一隔离。

"我要看看孩子啥情况了!"治疗中的张某还在担忧。

"你放心治疗吧!孩子们好着呢!"医务人员专门给张某放了一段在集中隔离点的双胞胎生活视频,张某感激得差点掉眼泪。"比跟他们妈妈在一起还要好啊!"

经过一段时间的隔离,孩子们平安无事。到了该回家的时间,张某又恳切地提出:"能不能让孩子们再在集中隔离点待一段时间,他们也很喜欢在那里……"

"这怕不行。我们现在的集中隔离人数越来越多……"集中隔离点表示不能接受。

孩子还是被接回了家,居委会的干部就忙碌了起来。好在没几天，孩子们的妈妈也平安回到了他们身边。

后来张某在医生的精心治疗下，健康出院。像他这样的治愈患者，仍需在家中观察一段时间。那天护送他回家的有公安人员，他们向张某亮出"拘留证"：等你身体完全康复后，将接受惩罚。

张某又一次无力地瘫下，叹道：我这是自作自受。

9. 最美的记忆

我意外地停留在上海的这段时间，让我有机会"从头到尾""从里到外"对这块土地有了一次比较感性的体验，并随她一起经历了我生命中一段难忘的岁月——

1月下旬时，上海市委、市政府根据中央部署和本市情况召开了几次疫情防控会议，并第一时间成立了上海市新型冠状病毒肺炎疫情防控工作领导小组，统一指挥、统一行动。成立疫情防控领导小组之后，以市政府名义召开了记者招待会。市长亲自出面回应了社会关切。全市上下，齐心协力，尽最大努力、用最严措施、以最快速度全面落实辖区防控举措。加强对重点场所的监测筛查，尽量减少人群聚集性活动，加大对人群密集公共场所的预防性消毒和通风力度，发挥群防群治力量，积极开展环境卫生整治。同时，全面落实联防联控各项措施，确保医疗耗材和防护物资供应充足。还要做好信息发布工作，坚持公开透明、实事求是、主动及时、规范准确地发布权威信息，回应社会关切，及时澄清不实传言。

而更令我心潮澎湃的是，市长向全市部署好防控任务的第二天，中央政治局委员、上海市委书记李强又再次召开市委常委会，更深入、准确地全面学习理解习近平总书记对新冠肺炎疫情做出的重要指示精神，并对上海防控形势进行分析，李强书记再三提出"绝不能有丝毫麻痹大意"。

我们面对的是病毒，任何一点点的麻痹大意，都可能造成无法挽回的全局性危害。什么叫对人民负责？这个时候是考验和检验我们对人民负责的最关键时刻。参加会议的同志告诉我，他对市委领导再三强调的话语，印象深刻。"很少听到领导这么严肃的口气。"他感慨道。

难道不是吗？春节，是中国人口流动性最大的时间段，上海客运人次又居全国前列。每天几百万人次、总数达亿人次的人口流动，使这个城市就像无边无际的战场，如何防控，真是难题。

但此刻又怎能乱了手脚呢？

那天，市委书记口中一下说出了一长串"要"，而每一个"要"中，都体现了党和政府对人民、对上海这个城市的拳拳之心、赤子情怀啊！

啊，上海就是上海，不一样的城市，不一样的大都市！

那天晚上，我独自来到酒店百米之外的黄浦江边，默默地注视着大江两岸如诗如画的城市夜景，看着那些不会说话却永远挺立在那里的高楼大厦，以及静静流淌着的黄浦江……

上海的昨天告诉我们：有中国共产党在，中国什么艰难困苦不能克服呢？

那一夜我睡得比较安静和踏实，一颗悬在半空的心，落定了……

1月26日，也就是大年初二。早上起来，北京那边说又下大雪了，"雪片如鹅毛一样，从来没见过这么大的雪哟！"

真是怪透了，在北京生活了40多年，以前就是不下雪，好不容易在"天气预报"中盼到一场雪，最后发现完全被"欺骗"了：除了郊区外，市内基本上难见着雪片儿。

2020年怪了，元旦前下过两次，春节前后到底下了多少场雪，北京人自己都记不住了……因为是过了一个很苦涩、郁闷的初一，又闻初二北京大雪纷飞，再看黄浦江岸寒雨蒙蒙，26日早起后，心头就有种特别的压抑感。然而还想起来给一些老朋友、老战友拜个年。然而，今番疫情此景，"喜年"何存？2020年春节前后一场大疫带给我的记忆，相信它也烙在每一个中国人的心坎上，是很疼很疼的。

中国人确实蛮伟大，一声号令——"宅"，14亿人全部、立即"宅"在自己待的地方，无论是大都市，还是偏远的乡村。其他国家后来说他们绝对做不到，中国做到了，而且做得相当好。这很不容易。

春节前后大约一个月的时间内，14亿人能够在同一时间里"齐步走"，这在世界文明史中极其罕见，也史无前例。然而我们都知道，这是一步无奈之举。否则此次新冠病毒肺炎会让多少中国人丧失生命、告别美好的未来呢？不敢深想。

但这种为了自己、为了亲人，也为了国家和民族的生存，甚至为了整个世界的明天，中国人全体"宅"在家中，这是何等的悲壮之举！

孩子不能去学校上课，老人不能外出散步，年轻人不能去上班，更不能约会、聚集和走亲访友，除了销售食品、药物等极少物品的商店还在营业外，其他一律都停止，连天上飞的、地上转的、水上行的，一律停止……这是怎样的行动？

这是战争和战争动员。总书记说了，要坚决打赢疫情防控的人民战争、总体战、阻击战。既然是战争，就是无情和残酷的。然而这场战争是人类与病毒之间的一场无形的战争。敌人在暗处，在我们看不到的地方，在我们的呼吸之间，甚至在我们亲密的握手与拥抱之间……

我们的对手在摸不着、见不到的地方，在我们虚弱的抗体之中，在我们稍不留神的行为之间。敌人太狡猾，狡猾得或许瞬间就可以置你于死地，或许根本不让你知道何时突然向你猛扑过来，甚至有时隐藏于你身上10天、半个月、20多天以后再向你发起进攻，直到弄死你为止。

太可恶！

也许正是这样的原因，在疫情大暴发之后，所有城市都处在一种恐慌之中……没有一个人敢拍胸脯说"我这里不会有人传染"，也没有人敢说"我这里防控铜墙铁壁，任何漏洞都不可能出现"，更没有一个人说"我把所有与外界接触的可能全部封死"。所以，在这无奈又不知所措时，中央提出了所有中国人尽可能的"宅"在家中不出来，尤其是城市，一定要"宅"在家中。啊，全世界没有过这样的动员，没有第二个国家能做到如此步调一致的"国家行动"。14亿人的一个国家真要"纹丝不动"地"宅"起来，确实不是一般的不容易，而是极大极大的不容易。

2020年春节前后的漫长时间里，我们都经历了这样无奈的、沉闷的、压抑的，甚至是痛苦的、烦恼的"宅"生活……

一个庞大的、繁华的、充满生机的城市，突然街头没了人、没了车，商店和商场没了购物者和喧哗声，这种情形对人造成的心理压力和视觉冲击，一点也不比病毒小。

2400多万人口的城市，每天需要多少食品，又有多少生活垃圾？需要多少水和电？再小饭量的人一天也得吃少说一公斤的食物吧？2400万人乘1公斤是多少，我已经不会算了，如果把这些东西放在一起，要用多少车子拉得走呢？哎哟哟，想想这些问题，就觉得上海的城市管理者太难了！实在太难了！

尽管你"宅"在家里，不去商店，不去上班，不去医院，不去银行……但你照样可以过你的日子，购你的物，看你的病，甚至订阅的报刊一样不缺。上海的"当家人"不好当，尤其是在疫情猖獗之时。别说2400万的大城市的"当家人"难，就是小小三口之家的家长，也会发愁……

上海没有出现任何供应短缺，人们的生活依旧如常，这的确让人感到欣慰和敬佩。

"一级响应"前一天，其实上海和全国其他城市一样，过去潮水般涌来的春节旅游观光的人少了许多，原本在城里务工的人也跑得差不多了，尤其是疫情的"警报"已经在全国拉响，武汉"封城"也成了那里想"赶回家过春节"的人加快脚步的一种催化剂，所以城里的人一下少了，原来十分热闹的南京路、外滩和陆家嘴，突然变得异常清静。大年初一之后的几天里，上海城内很少见到有人在外面逛荡了，外卖的飞车身影基本不见，市民们响应党和政府的号召，一律"宅"在家中，上海市有关部门每天通过各种媒体和手机短信，提醒大家一定要在家"屏牢"，意思是说不要忍不住，要有点耐心，"屏牢"了就能不让病毒传播开来。春节假期那些日子里，可以感觉到从上到下，大家都对病毒异常警惕和担忧，因为谁也说不准。上海更不用说，可以肯定一点的是：在市领导和专家的心里，那十来天比一年还漫长……因为钟南山等专家说了，病毒潜伏期是14天左右，若从1月20日算疫情局部暴发，那么14天后就可能在全国各地大暴发，14

天左右的时间是,不恰好是春节初一前后那些日子嘛!我们现在再看看那些日子,无论哪个地方,确诊病例和疑似病例,全国各地一直在飚升……那阵势够吓人!

全国和全世界都在盯着大上海。上海失守,全中国失守,全世界不得安宁。

"屏牢!"上海这样号召,市民们也这样互相叮嘱。每一个抗"疫"中的上海人都在努力……

然而"屏牢"的日子又是多么的苦闷、单调、寂寞和令人忧心与烦躁。像我这样在外游荡的人没有和亲人、朋友、同事在一起,更加苦楚与孤独。

庚子年的春节,天气十分不好,北京寒冷刺骨,江南一带是阴雨连绵,寒风萧杀。看着窗外灰暗的江面上掀起波涌,没有一艘来往的船只,寒风中的高楼大厦,也像秃枝的树木,孤独无声地站在那儿低泣。天上乌云密布,地下残落的树叶和纸片,被吹得乱跑……那般情景,着实叫人心底直泛寒气。

于是,我从酒店跑了出来,我要去看看黄浦江,看看我心目中的大江,看看上海的魂魄与本色……

江边的风很大,我向大江的西边看去,一直看到十六铺那边,没见到一条船在江上,那江似乎在低吟;我向大江的东边望去,一直望到杨浦大桥,同样没有一条船,停靠在岸边的游艇,在风浪的吹动下不停地摇摆……那般情景,叫人心生烦忧。

沿着江边，我缓缓而行。脚下踩的是红色的滨江大道，这条一流的健康之道，平时有许许多多锻炼身体的老人和青年，他们一个个朝气蓬勃、满面春风地在上面奔跑、散步，充满了活力与精神。然而现在，滨江步道上竟然没有一个人影，它所有的生机与生气，全都凝固了……

我又跑到了贴着江水的堤廊上。这里离黄浦江最近，甚至在巨轮开过的时候有滴滴江水溅到身上。每次来到江边，我最喜欢在这里驻足，然后再静静地感受江的两岸和江上的景致，特别是那些货轮和游船，它们的存在，给黄浦江增添了活力、价值与风采。然而现在，疫情中的它们都悄然消失了，只剩下凝固般的江面，以及江面上偶尔飞过的一两只鸟儿。

长长的、宽阔的堤廊上，独我一人在此走动。

我走到那只留有浦东老船厂历史印记的大铁锚面前，感觉它第一次那么失落，那么孤独，并且有些凄然。

大铁锚的旁边，平时是一群垂钓爱好者的天地。以前在江边漫步的时候，我喜欢在此留一些时间，看这些悠闲的老人们钓鱼……我觉得他们很了不起，因为他们的前方是灯红酒绿的外滩和南京路，身后是摩天大厦耸立的国际金融中心陆家嘴，然而这些垂钓者的心思从不为财富世界的熙熙攘攘所动，也不为游人的赞美或嘲讽所动，他们只属于自己的世界——那垂杆和钩子上的鱼儿。这样的人是有境界的，他们每一天在江边出现，就是黄浦江生生不息的象征；他们每一天的劳作与收获，就是黄浦江潮起潮落的精神所在……

我敬佩他们。

然而现在——疫情风暴中的黄浦江边，没有他们的身影，他们也"宅"在家中，不能出来垂钓，这不等于束缚了他们那颗沉静的心和宁静的灵魂吗？

想到此处，我的心格外痛，钻心地痛。

心头涌起万千波澜与忧思，于是写下了第一首"致黄浦江"的诗——

啊，黄浦江啊
你再一次闪亮着"母亲河"的光芒
让我懂得和明白了什么叫无怨无悔
爱的伟大，伟大的爱

你，还在流动
你从不为风与云所动
你也不曾为喜与悲改变自己的脚步
你更不可能丢下这个城市
和城市里的每个人
每一个我的姐妹兄弟
啊，我已无更美的语言赞美你
唯有每天热的心、热的泪

随你而动

而动

这一天是 2020 年 3 月 10 日，这一天的上海又见太阳出现……见到太阳，就有温暖。

这一天，我们在中午时分看到了习近平总书记抵达武汉的新闻。习近平总书记代表党中央和全国人民送去的这份关怀和慰问，让全体武汉和湖北人心暖如春！

疫情期间，我以一个"外人"的眼光看着上海，不得不说大上海的表现的的确确耀眼，那种大气、精致、细腻、无私，令人敬佩。尤其是在执行中央决策、从本市实际出发、第一时间采取果断而有力的措施，并始终全神贯注、开足马力，保护这个城市和 2400 多万人民生命，以及伸手支援武汉、严控复工后的疫情"回流"和阻止境外疫情"倒灌"方面，真是可圈可点，许多方面令我感动不已。

上海在第一时间派出了医务工作者支援武汉。大年三十晚，许多上海的医务人员接到了赴武汉支援的通知，纷纷主动报名，他们是"大年夜"出征的一群"逆行者"……

还有"张爸"张文宏，他和他的团队说实话、说精准的话，对疫情中的中国人统一行动、统一意志与病毒作生死斗争起到了很大作用。

尤其是，在春节之后的返城与复工潮来临之际，作为重要交通枢纽的上海的机场与火车站，关联到人口最多、流动性最大的整个长三角地区，压力之大可想而知！为了上海，更为了长三角和全中国，上海人可以说真拼了，拼得远比"屏牢"时要累得多、苦得多！

从"一级响应"到 2 月底，上海在防控和医治患者方面，皆可用眼下流行的"硬核"二字形容。大疫中的上海在乌云密布、黑云阵阵中，保卫了这个美丽而伟大的城市，让生活在这块土地上的人平安健康，难道不值得被赞美吗？

自然需要。极其需要。

平时我们都在说，人活着是因为有爱，有追求，那么现在大上海是否让我们这些所有平安健康地活下来的人们，在疫情渐渐消失的时候，想到了一个最重要的字眼——爱？！

我想是的。至少我是这样的。

什么叫爱？爱就是一个人内心最幸福和温暖的情感，爱就是一个人内心最激动亢奋的情感，爱就是一个人活着的动力和希望，爱是我们每一个生命最重要的源泉与力量，它闪耀着最绚丽和灿烂的光芒。

社会和人是离不开爱的，一个城市更得有爱。有爱的城市，才可能保持永恒的光辉；有爱的城市，才可能充满活力与生机；有爱的城市，才可能不断创造更强大的防御体系抵御各种风险与危机；有爱的城市才可能让我们每一个生命绽放得更加灿烂。

图书在版编目（CIP）数据

第一时间:写在春天里的上海报告/何建明著.-上海:上海文艺出版社.2020.6
ISBN 978-7-5321-7622-9
Ⅰ.①第… Ⅱ.①何… Ⅲ.①报告文学－中国－当代
Ⅳ.①I25
中国版本图书馆CIP数据核字(2020)第061382号

发 行 人：毕　胜
责任编辑：乔　亮　张　琦
封面设计：钱　祯

书　　名：第一时间:写在春天里的上海报告
作　　者：何建明
出　　版：上海世纪出版集团　上海文艺出版社
地　　址：上海绍兴路7号　200020
发　　行：上海文艺出版社发行中心发行
　　　　　上海市绍兴路50号　200020　www.ewen.co
印　　刷：上海中华印刷有限公司
开　　本：710×1000　1/16
印　　张：12.5
插　　页：2
字　　数：114,000
印　　次：2020年6月第1版　2020年6月第1次印刷
ＩＳＢＮ：978-7-5321-7622-9/Ｉ・6066
定　　价：39.00元
告 读 者：如发现本书有质量问题请与印刷厂质量科联系　T:021-69213456